商业法评论

CBLS BUSINESS LAW REVIEW

总第7集

主编／甘培忠
执行主编／郑佳宁

人民法院出版社

中国知网（CNKI）收录
北大法宝数据库收录

图书在版编目（CIP）数据

商业法评论. 总第7集 / 甘培忠主编. -- 北京 : 人民法院出版社, 2025. 3. -- ISBN 978-7-5109-4084-2

Ⅰ. D912.290.4-53

中国国家版本馆CIP数据核字第2025X462C1号

商业法评论 （总第 7 集）

甘培忠　主编

策划编辑　兰丽专
责任编辑　郭　粹
执行编辑　贾舒琪
出版发行　人民法院出版社
地　　址　北京市东城区东交民巷 27 号　邮编　100745
电　　话　（010）67550562（责任编辑）　67550558（发行部查询）
　　　　　　65223667（读者服务部）
客服 QQ　2092078039
网　　址　http：//www. courtbook. com. cn
E - mail　courtpress@ sohu. com
印　　刷　三河市国英印务有限公司
经　　销　新华书店

开　　本　787 毫米×1092 毫米　1/16
字　　数　209 千字
印　　张　12. 75
版　　次　2025 年 3 月第 1 版　　2025 年 3 月第 1 次印刷
书　　号　ISBN 978-7-5109-4084-2
定　　价　68. 00 元

商業法評論

《商业法评论》采稿邮箱：cbls2019@163.com

CONTENTS

目录

年会综述

nian hui zong shu

特殊市场主体退出机制研究

——中国商业法研究会2024年年会综述

中国商业法研究会秘书处

2024年12月20日至22日，中国商业法研究会2024年年会暨“特殊市场主体退出机制研究”学术研讨会在河北省石家庄市举办。会议由中国商业法研究会主办，河北师范大学承办，河北方川律师事务所协办。中国法学会副会长、中国社会科学院学部委员陈甦，河北省政协副主席、河北省法学会常务副会长何秉群，河北省人大常委会法工委副主任袁任新，河北省高级人民法院副院长王利军，河北省检察院党组成员、副检察长任国强，河北省司法厅党委委员、副厅长乔新月，中国法学会研究部二处处长孙立军，中国商业法研究会会长、北京大学法学院教授甘培忠，河北师范大学党委书记黄晟等出席会议。来自北京大学、清华大学、浙江大学、中国人民大学、中国政法大学等高等院校，有关法院、检察院、律师事务所等实务部门代表300余人参会。会议深入学习了党的二十届三中全会精神和习近平法治思想，围绕“特殊市场主体退出机制研究”进行了深入交流和研讨。

一、开幕式

开幕式环节，中国法学会副会长、中国社会科学院学部委员陈甦，河北省政协副主席、河北省法学会常务副会长何秉群，河北省人大常委会法工委副主任袁任新，河北省高级人民法院副院长王利军，河北省司法厅党委委员、副厅长乔新月，中国商业法研究会会长、北京大学法学院教授甘培忠，河北师范大学党委书记黄晟出席开幕式并致辞。

黄晟代表河北师范大学对出席本次会议的领导嘉宾表示热烈欢迎，并介绍了河北师范大学法学专业建设取得的成绩。他表示，本次会议以“特殊市场主体退出机制研究”为主题，扣合时代脉搏，各位专家学者的真知灼见定将推动党的二十届三中全会精神的贯彻落实，为实现中国式现代化的法治保障提供智力支持。

陈甦高度肯定了中国商业法研究会在过去一年里取得的成绩，并对研究会的未来工作提出了以下三点建议：一是要全面深刻理解国家经济发展战略与商业法律制度建设之间的关系；二是要不断增强对新时代中国商业法学理论的认识和认同，切实加强商业法律制度的理论创新和制度创新；三是要进一步引领提升商业法学者的政治判断力、政治领悟力、政治执行力。

何秉群介绍了河北省经济社会发展成就和深厚的法治底蕴。他表示，当前中国式现代化建设河北篇章处处展现勃勃生机，此次研讨会的召开是贯彻落实中共中央进一步全面深化改革举措的重要行动，为河北法学法律界进一步学习先进、拓展合作提供了难得的机遇，希望各位专家学者和河北法学法律界加强协作联动，深化交流合作，为河北的高质量发展出谋划策。

袁任新介绍了近年来河北省在地方立法领域，尤其是法规清理以及优化营商环境立法中取得的成就。她表示，河北省在地方立法工作中将坚定不移地践行以人民为中心的发展思想，从大局上把握地方立法新形势新要求，与时俱进，提高立法质量，守正创新，完善立法工作机制，以法治为河北省经济发展新篇章保驾护航。

王利军介绍了近年来河北省司法审判工作，尤其是围绕建设法治化营商环境开展的相关工作以及取得的系列成绩。他表示，河北省各级法院作为司法审判机关，将旗帜鲜明地坚持党的全面领导，积极贯彻习近平总书记的重要指示，继续加强法学理论与司法实践的融合，为推动法治化营商环境发展作出积极贡献。

乔新月介绍了近年来河北省司法厅在法治建设中取得的工作成就。他认为，加强对特殊市场主体退出机制的研究，必将对畅通市场主体退出渠道、降低市场主体退出成本产生积极影响。同时，他表示，在接下来的法治建设工作中，河北省将坚决落实新时代法学教育和法学理论研究部署要求，凝聚实务和理论力量，奋力推进法治河北建设。

甘培忠表示，在经济快速转型的背景下，完善市场主体退出机制对推动经济高质量发展具有重大意义。他介绍了此次年会的六个分议题，向大会报告了过去一年中国商业法研究会的工作情况，对本次年会的承办方河北师范大学、协办方河北方川律师事务所及所有支持研究会工作的理事会成员表示感谢，并预祝本次年会取得圆满成功。

开幕式环节由河北省法学会副会长（挂职），河北师范大学法政与公共管理学院院长、教授赵德勇主持。

开幕式仪式结束后，与会人员合影留念。

二、主旨演讲

主旨演讲环节由中国商业法研究会副会长，中国人民大学法学院教授、博士生导师徐孟洲主持。中国商业法研究会副会长，中国人民大学法学院教授、博士生导师刘俊海；北京大学法学院教授、博士生导师楼建波；中国商业法研究会副会长，北京大学法学院教授、博士生导师邓峰；中国商业法研究会副会长，中国政法大学民商经济法学院教授、博士生导师王涌；中国商业法研究会副会长，华东政法大学经济法学院教授、博士生导师李文莉；河南财经政法大学民商法学科带头人、博士生导师曹守晔；河北省法学会副会长（挂职），河北师范大学法政与公共管理学院院长、教授赵德勇先后作主旨发言。

刘俊海以“《公司法》修改前沿问题”为题进行主旨发言。在微观层面，他以 2023 年修订《公司法》第 23 条的规定为基础，从规范解读、类型化、谦抑性裁判理念、双方当事人特殊身份的影响四个方面对合并揭开公司面纱制度进行了深入分析；在宏观层面，他以体系化的视角对股权代持协议、股东索赔机制等问题提出了富有启发性的观点，为 2023 年修订《公司法》的司法实践提供了参考。

楼建波以“中国房企境外债务重组”为题进行主旨发言，全面阐述了中国房企境外债务重组的现状、路径挑战。他以数据图表形式反映了房企债务严峻及重组缓滞的困境；逐一分析了债转股、非上市资产包等债务重组策略在投资者中的接受度和白名单政策对债务重组的可能影响；总结了房企境外债务重组中面临发行主体与资产主体剥离、境内资产执行难、政策阻碍和境外破产程序认可执行难等挑战。

邓峰以“商业体系的基础设施问题：退出机制的重新理解”为题进行主旨发言。他认为，组建高效、公平、快速交易的商业体系必须具备一些基础的交易规则，而以破产为代表的市场退出机制就是其中之一。良好、健康的市场退出机制是大规模商业交换体系的重要保障，符合现代法律体系所依据的个人责任原则，有助于培养市场主体的创新意识，为经济发展提供更多的原生动力。

王涌以“远洋捕捞队现象与营商环境”为题进行主旨发言。他分析了当前民营企业面临的多重困境，并提出了三点建议：第一，改变现行趋利执法中罚没归地方政府的做法；第二，严格审查刑事案件的异地管辖；第三，强调政治责任和司法责任。最后，他呼吁要借助《民营经济促进法》起草这一契机，进一步加强对民营企业的保护。

李文莉以“区块链赋能电子单证的法律保障”为题进行主旨发言。她以上海浦东新区区块链电子单证立法为例，阐述了区块链技术赋能产业发展中的法律问题，明确了区块链电子单证立法对于航贸、金融等领域数据流转的必要性及可行性，比较分析了域外相关立法理论与实践，明确了功能等同等三大原则统领立法的理论基础，同时，对区块链电子单证的内涵与外延作出了界定。最后，她结合实际对我国电子单证的立法原则与立法实践提出了建议与意见。

曹守晔参与了《保险法》立法和相关司法解释起草工作。他以“我国保险公司退市接管与破产程序的衔接和完善”为题进行主旨发言。在 2023 年易安财险因不能清偿到期债务且缺乏清偿能力成为全国首例保险公司破产重整案件，曾经在全国排名第四的安邦保险 2024 年被法院宣告破产成为我国首例保险公司破产清算案件的实践背景下，他认为，保险公司作为重要的金融机构之一，其行政接管和破产是其市场退出最重要的问题，目前我国《保险法》和《企业破产法》对此都缺少衔接性专门规定，难以适应司法实践的需要。对此，他在发言中提出《企业破产法》增加金融机构专章等七点建议。

赵德勇以“《公司法》与《企业破产法》的衔接适用”为题进行主旨发言。

他对《公司法》与《企业破产法》的衔接适用提出了深刻见解，从本体论、价值论、方法论等角度概括了《公司法》与《企业破产法》衔接适用的形成机理。他认为，《公司法》与《企业破产法》虽在立法价值上存在差异，但也存在若干共同目标，要促进两部法律的协调适用，必须解决《公司法》修订与《企业破产法》衔接适用的五个焦点问题。

三、分论坛

本次学术研讨会共设五个分论坛，300 多位专家学者及法律实务工作者围绕“营商环境与统一大市场建设”“特殊主体的市场退出机制”“完善金融法治”“新《公司法》研讨”“公司治理新发展”五个议题进行发言与交流。

分论坛一：营商环境与统一大市场建设

分论坛一以“营商环境与统一大市场建设”为主题。论坛上半场由中国政法大学民商经济法学院教授、博士生导师管晓峰，中国政法大学民商经济法学院教授、博士生导师郑佳宁共同主持。中国社会科学院法学研究所研究员、博士生导师席月民，北京市金杜法律研究院院长欧阳振远，中国人民大学法学院副教授、博士生导师姚海放分别以“我国公共数据开放共享的法律规制”“构建全国统一大市场法治保障体系”“《公司法》修订后国有企业法治建设二题”为题发言。随后，广东国鼎律师事务所主任朱列玉，北京物资学院法学院院长、教授吴长军，延边大学法学院教授李海燕对三位报告人的观点进行了评议。

论坛下半场由广西民族大学法学院党委书记、教授蒋慧；北京市君泽君（上海）律师事务所合伙人，复旦大学、中南财经政法大学、东南大学研究生导师余红征共同主持。中国政法大学法与经济学研究院副教授任泽宇，甘肃农业大学财经学院副教授张菊霞，河北省社会科学院法学研究所助理研究员赵雪分别以“构建民营经济发展的制度保障”“以行业协会商会的法治化推进全国统一大市场建设”“建设全国统一大市场背景下优化营商环境的若干思考”为题发言。随后，四川省社会科学院法学研究所副研究员、《当代社会科学（英文）》副主编蓝冰，甘肃政法大学民商经济法学院教授田春苗，《北京大学学报（哲学社会科学版）》编辑部副编审郭昌盛对三位报告人的观点进行了评议。

分论坛二：特殊主体的市场退出机制

分论坛二以“特殊主体的市场退出机制”为主题。论坛上半场由中国商业法研究会副会长、全国人大常委会法制工作委员会原巡视员扈纪华，中国慈善联合会慈善信托委员会主任蔡概还共同主持。兰州大学法学院教授汪振江，吉林大学法学院博士研究生任猛，河北师范大学法政与公共管理学院硕士研究生赵懿纯分别以“网络借贷平台退出市场的民事责任承担”“个人破产免责制度的比例原则适用”“我国个人破产免责制度的构建研究”为题发言。随后，山西财经大学法学院副教授任中秀，北京师范大学法学院教授、博士生导师林艳琴，中国国际私法学会理事秦悦民对三位报告人的观点进行了评议。

论坛下半场由南京航空航天大学人文与社会科学学院院长、教授高志宏，甘肃政法大学民商经济法学院院长、教授刘晓霞共同主持。黑龙江大学法学院教授王妍，江西省社会科学院研究员杨秋林，河北师范大学法政与公共管理学院硕士研究生王沛霖分别以“企业非破产退出之决议解散正当性研究”“关于房地产企业破产资产处置的问题与对策研究”“论个人破产失权的学理基础与制度建构”为题发言。随后，吉林大学法学院教授、博士生导师王艳梅，河北大学法学院教授、博士生导师赵树文，河北师范大学法政与公共管理学院教授赵立新对三位报告人的观点进行了评议。

分论坛三：完善金融法治

分论坛三以“完善金融法治”为主题，论坛上半场由北京大学法学院教授、博士生导师刘燕，清华大学法学院教授、博士生导师汤欣共同主持。中国社会科学院法学研究所副研究员肖京，海南大学法学院教授、博士生导师常健，中央财经大学法学院副教授周游分别以“以制定《金融法》开启金融法治建设新篇章”“论我国系统重要性金融机构加重责任制度的整体构建”“破产重整情形下资产证券化法律问题分析”为题发言。随后，北京大学法学院研究员、博士生导师洪艳蓉，中国政法大学法律硕士学院教授王萍，中国政法大学信托法研究中心主任、教授、博士生导师赵廉慧对三位报告人的观点进行了评议。

论坛下半场由中国商业法研究会副会长，华东政法大学经济法学院教授、博士生导师李文莉；中国商业法研究会副会长、中国社会科学院法学研究所研究员、博士生导师陈洁共同主持。福州大学法学院副教授郑舒倩，中国政法大学民商经济法学院教授李蕊，上海财经大学法学院副教授夏戴乐分别以“金融机构的公司治理”“地方政府融资平台公司转型的法治逻辑及制度进路”“中国金融监管的监管边界问题”为题发言。随后，西北政法大学经济法学院副教授杨为乔，《财经法学》主编、中央财经大学法学院教授邢会强对三位报告人的观点进行了评议。

分论坛四：新《公司法》研讨

分论坛四以“新《公司法》研讨”为主题。论坛上半场由中国商业法研究会副会长，吉林大学法学院副教授、博士生导师于莹主持。华东政法大学国际金融法律学院博士后蔡卓瞳，中南财经政法大学法学院讲师旷涵潇，华东政法大学国际金融法学院教授肖宇分别以“论收购承接型银行风险处置措施与民商法的衔接”“公司清算义务人制度的适用范围限制及责任规范构建”“上市公司强制退市中的投资者保护”为题发言。随后，西南政法大学民商法学院教授、博士生导师赵吟，中南民族大学法学院教授孙光焰，辽宁科技大学经济与法律学院教授宋怡林对三位报告人的观点进行了评议。

论坛下半场由日本国立岗山大学法学教授、博士生导师张红主持。浙江大学光华法学院民商法研究所执行所长、副教授周淳，中国人民大学法学院讲师山茂峰，外交学院国际法系讲师谢肇晃分别以“新《公司法》对公司融资规则的挑战”“股东出资加速到期规则的功能定位与司法适用”“公司偿债能力判决规则的反思与重构”为题发言。随后，北京交通大学法学院教授李文华，兰州大学法学院副教授白牧蓉，浙江大学光华法学院研究员、博士生导师黄韬，中国商业法研究会副会长、中国政法大学民商经济法学院教授、博士生导师王涌，对三位报告人的观点进行了评议。

分论坛五：公司治理新发展

分论坛五以“公司治理新发展”为主题。论坛上半场由重庆市政协提案委专职副主任、西南政法大学民商法学院兼职教授侯东德，西南政法大学民商法学院教授、博士生导师曹兴权共同主持。吉林大学法学院教授、博士生导师胡晓静，上海商学院文法学院讲师石达，首都经济贸易大学法学院讲师彭雨晨分别以“新《公司法》中的股权转让问题”“企业破产时董事信义义务扩张的理论证成与制度因应”“ESG 视域下董事会性别多元化制度的法理基础与中国路径”为题发言。随后，西安财经大学法学院院长、教授王波，云南大学法学院教授周昌发，首都经济贸易大学法学院教授何锦前对三位报告人的观点进行了评议。

论坛下半场由哈尔滨商业大学法学院教授石晶玉，吉林大学法学院教授、博士生导师傅穹共同主持。中国政法大学民商经济法学院教授、博士生导师马更新，中南财经政法大学研究生王伟迪，西南政法大学民商法学院博士研究生张顺凯分别以“对公司治理中决议瑕疵规范的几点思考”“股权继承中权利变动及权利行使的规则再造”“论股东失权制度在破产程序中的展开”为题发言。随后，海南大学法学院教授、博士生导师刘云亮对三位报告人的观点进行了评议，中央财经大学法学院副教授周游、北京大成律师事务所合伙人陈运娜分享观点。

四、闭幕式

闭幕式由清华大学法学院教授、博士生导师汤欣主持。南京航空航天大学人文与社会科学学院院长、教授高志宏作为 2025 年中国商业法研究会年会承办单位进行表态发言，中国商业法研究会副会长，北京大学法学院教授、博士生导师邓峰作会议总结。会上，邓峰对承办单位河北师范大学和协办单位河北方川律师事务所对本次年会的大力支持表示感谢，并对大会主题和会议发言情况进行全面概括。他表示，希望大家能够继续保持对商业法研究的关注，共同推动商业法研究繁荣发展。

在全国上下深入学习习近平新时代中国特色社会主义思想，贯彻落实“十四五”规划与2035年远景目标纲要，立足新发展阶段之际，中国商业法研究会2024年年会顺利召开并取得丰硕成果，将助力于推动商业法治领域研究迈向新高度，为构建高水平社会主义市场经济法律体系作出积极贡献。

当期聚焦
dang qi ju jiao

金融控股集团内部个人信息共享的法律规制*

赵 吟** 杨锦淇***

摘要：金融控股集团内部开展个人信息共享可以发挥协同的特色制度优势，然而现行法律关于协同共享行为的规定过于简单，无法满足集团下各机构之间客户个人信息合规共享的制度建构需求。对于集团内部个人信息共享的客体而言，依据敏感程度不同划分为四类个人信息，依据信息接收方的不同划定不同的个人信息共享范围；对于集团内部个人信息共享行为而言，应适用"共享为先，安全托底"的利益平衡路径，适当履行告知义务，有效保障客户知情同意权，完善内部信息安全管理制度；对于集团内部个人信息共享责任而言，对共同处理侵权进行民事责任认定时应适用加重责任，进行行政责任认定时应引入评估与报告制度，进行刑事责任认定时应重点分析罪名的构成要件。

关键词：个人信息共享　金融控股集团　法律规制

近年来，数字经济逐渐成为工业经济之后的主要经济形态，该种形态下，数

* 本文系2021年度国家社会科学基金一般项目"开放银行数据共享法律问题研究"（项目编号21BFX118）的阶段性研究成果。

** 西南政法大学民商法学院教授、博士生导师。

*** 浙江省宁海县人民法院法官助理。

据资源成为关键要素，信息技术的融合应用与行业要素数字化转型成为重要推动力。信息技术以及相伴而来的新兴理念、业态与模式正广泛而深刻地影响着人类社会的生产与生活。在信息化时代，个人信息保护已成为社会公众重点关切的问题。2020 年，国务院发布《国务院关于实施金融控股公司准入管理的决定》（国发〔2020〕12 号），要求强化对金融控股公司行为的规范，避免发生系统性金融风险。中国人民银行相继发布《金融控股公司监督管理试行办法》（〔2020〕第4号，以下简称《试行办法》），在组织结构、公司治理、风险管控等方面对金融控股公司进行了较为细致的规范。《试行办法》第 22 条首次提出，金融控股公司与其所控股机构之间、其所控股机构之间在开展业务协同时需要保障客户权益，“明确风险承担主体，防止风险责任不清、交叉传染及利益冲突”，这种业务协同就包含所涉主体间共享客户信息资源。由于彼时《个人信息保护法》尚未出台，细化的个人信息处理原则与规则尚待确立，因此，《试行办法》第 23 条进一步明确，金融控股公司及其所控股机构在集团内部共享客户信息时所需具备的合规要求，主要包括共享主体应当确保依法合规、风险可控、取得客户书面授权或同意、防止客户信息被不当使用、尊重客户知情权和选择权等。客户信息共享能够使金融控股集团充分利用规模效应，在一定程度上实现精准交叉营销、经营改善与产品服务创新的效果。

然而，《试行办法》第 22 条与第 23 条关于金融控股集团内部客户个人信息共享的规定终归过于简要，无法回应集团内部对客户个人信息共享进行合规管理的制度建构需求，况且金融控股集团内部机构多为金融机构，对于此类机构而言，平衡审慎经营要求与鼓励客户信息协同共享之间的理念冲突可能面临更大的困境。此外，在《民法典》《个人信息保护法》出台施行之后，个人信息处理规范更为丰富与完善，个人信息保护制度对个人信息尤其是敏感个人信息的处理提出了更严格的要求。金融控股集团内部的客户个人信息共享行为如何符合《个人信息保护法》的规范要求，如何在该法的规范语境下实现个人信息共享效益与安全的价值平衡，以及如何化解金融控股集团内部个人信息共享环节出现的纠纷，这些是金融控股集团内部各主体利用客户个人信息提供综合金融服务过程中亟待解决的问题。

一、金融控股集团背景下的个人信息共享

（一）金融控股集团的协同制度特色

巴塞尔银行监管委员会、国际证券事务监察委员会组织和国际保险监督官协会发起的联合论坛于2012年发布了新版《金融集团监管原则》（Principles for the Supervision of Financial Conglomerates），致力于对在金融危机中对全球与本地经济稳定性发挥重要作用的金融集团应用与其所受风险相称的更有效的监管方式。《金融集团监管原则》“适用范围”一节认为，“金融控股集团是指在共同控制或支配影响下的一群公司，包括任何金融控股公司，金融控股公司是指至少在受监管的银行业、证券业或保险业中的两个行业开展实质性金融活动的公司”。这是国际金融领域对金融控股集团和金融控股公司较为通用的定义。①得益于金融控股集团内金融控股公司与所控股机构的双层甚至多层公司架构，集团内的各项资源可以借由金融控股公司的控制权进行合理优化与整合，从而产生各自专业经营无法实现的协同效应。②《试行办法》第22条从规范协同行为的角度侧面说明，金融控股公司与其所控股机构之间、其所控股机构之间可以开展业务协同，可共享的资源类型包含客户信息、销售团队、信息技术系统、运营后台、营业场所等。在大数据时代，客户个人信息的协同共享与价值挖掘已逐渐成为金融控股集团的突出特色。

《试行办法》第23条着重提及金融控股公司和所控股机构在集团内部就客户个人信息协同共享时须注意的行为规范。这种单独规定虽内容并不翔实，也未给出具体的合规管理指引，但可以体现出《试行办法》对客户个人信息协同共享的规范，已然受到《民法典》《网络安全法》《消费者权益保护法》逐渐建立的个人信息保护跨部门法规范体系的影响。与此同时，个人信息的电子化形式——

① *Principles for the Supervision of Financial Conglomerates*, Joint Forum, September, 2012, para. 3.

② 参见崔成伟：《金融控股公司的协同效应》，载《经济导刊》2011年第6期。

“数据”业已成为重要的新兴生产要素，受到金融监管的关注。

销售团队、信息技术系统、营业场所等资源的共享本质上是劳动力、技术、土地等传统生产要素的优化配置，而客户个人信息的共享则表现为数据这一信息时代涌现的生产要素的流通，在金融控股集团内，该种要素的协同突出体现为个人信息的交叉使用。金融集团内各个机构在开展业务接触客户时，出于业务办理、客户联络或是金融安全维护的需要，总是会收集客户个人信息，建立个人信息库。个人信息的交叉使用即是在各公司的个人信息库基础上，公司之间进行个人信息的相互传输与共享。这种交叉利用多用于产品服务的营销推广，即交叉销售，利于扩大业务市场、抢占客户份额，是金融控股集团在大数据时代发挥协同效应的集中体现。①

（二）我国集团内部个人信息共享的实践

2012 年中国人民银行等五部门联合发布的《金融业发展和改革“十二五”规划》（以下简称《金融业规划》）在“优化布局构建现代金融组织体系”一章提出，要引导具备条件的金融机构积极稳妥开展综合经营试点，推动中信集团和光大集团深化改革，办成规范的金融控股集团。《金融业规划》的规定在我国金融控股集团组织模式探索建设的过程中起到了一定的推动作用，但是条文内容表明，有资格开展试点的公司限于金融机构，并且开展试点的方式可以从侧面反映出，彼时监管机构对金融控股集团的形式仍然持谨慎态度，着重强调对综合经营风险的监测与建立有效的“防火墙”制度。中信集团与光大集团在试点考量的两大因素即“自身风险管控能力”与“比较优势”上脱颖而出，成为首批开展试点的公司。实践表明，两家公司善于发挥金融控股集团的个人信息协同优势，形成了两种富有代表性和开拓性的集团内个人信息共享管理方式。

中信集团在集团层面内设业务协同部，并以此为领头在各个子公司任命协同主管、协同联系人及协同对口部门，在原有的集团管理结构上新添集团业务协同领导与管理的组织脉络。中信集团将协同作为集团商业模式与企业文化的一项重要内容，协同成为发挥多元化企业优势、打造更大竞争力的重要方式。而光大集

① 参见游春：《金融控股公司客户信息问题研究》，载《金融论坛》2008 年第 9 期。

团则采取下设全资子公司的方式，由该独立的子公司负责集团内客户个人信息的整合处理与数据资产的管理工作。光大集团在2016年成立光大科技有限公司，该公司具有多重定位，既是集团内信息化服务的提供主体以及共享平台的建设主体，又负责孵化创新技术与产品，为集团内各机构进行科技赋能，承载着以科技创新推动光大集团战略转型的使命。

二、金融控股集团内部个人信息共享的客体规制：以敏感程度为基础

（一）集团内部个人信息共享客体规制的困境

《个人信息保护法》第4条对个人信息的处理行为外延进行明确，“个人信息的处理包括个人信息的收集、存储、使用、加工、传输、提供、公开、删除等”，此处的“等”应被理解为为了适应信息处理技术不断发展而可能涌现的新兴个人信息处理手段和处理行为类型而进行的立法处理。个人信息共享可以涵括在该“等”所省略的行为类型之内，也可综合解释为横跨个人信息的存储、使用、加工、提供等多种行为的集合行为类型。纵观《个人信息保护法》关于个人信息处理规则的规定，尚无条文对个人信息共享行为中作为共享客体的个人信息类型进行直接明确的限制，这种限制更多体现在对行为本身添附的约束，例如个人信息处理原则上要遵循“合法、正当、必要和诚信原则”，具体规则包括个人信息处理者应取得个人同意或具有法定处理的事由等。相较而言，《个人金融信息保护技术规范》中关于个人信息共享类型的限制内容更为翔实，第7.1.3条提出，“C3类别信息，以及C2类别信息中的用户鉴别辅助信息不应公开披露”。然而，该规范毕竟属于行业标准，并不具有强制执行力①，且仅适用于个人金融信息，无法匹配金融控股集团综合经营涉猎诸多非金融领域的现实，因此，《个人金融信息保护技术规范》无法成为集团内个人信息共享较为全面、具有较高效

① 《标准化法》第2条规定：“本法所称标准（含标准样品），是指农业、工业、服务业以及社会事业等领域需要统一的技术要求。标准包括国家标准、行业标准、地方标准和团体标准、企业标准。国家标准分为强制性标准、推荐性标准，行业标准、地方标准是推荐性标准。强制性标准必须执行。国家鼓励采用推荐性标准。”

力的监管规范。

在《个人信息保护法》所意图构建的理想化个人信息保护框架下，若个人信息处理者严格遵循规范中所列的各项规则，则对行为的规范本身将自动剔除不适宜进行共享的个人信息类型，不再需要进一步对可共享的个人信息类型进行划分，换言之，个人信息共享并没有信息类型的限制。例如，个人信息处理者要向另一个人信息处理者共享客户个人信息时，若所共享的是名称、性别、国籍等基本个人信息，客户在自行权衡之下表示同意共享，则共享行为顺利且合规进行；但若共享的是客户的账户密码、指纹，则一般情况下理性的客户将拒绝该类个人信息的共享，个人信息处理行为就将失去合法性支撑，即便客户表示同意，该项行为还须经过“合法、正当、必要”原则的检验，这种高度敏感的个人信息的共享通常很难达到“必要”的门槛，此时个人信息的共享行为也会被终止。

然而，现实情况是，由于我国个人信息保护法律体系建设起步较晚，具体行业应用规则仍待完善，个人信息处理者对于规范的理解存在差异，这就导致在个人信息处理实践中可能存在纰漏与偏差，加之公民的个人信息保护意识与法律素养尚处于不断提升的时期，通过行为规范从侧面限定个人信息共享类型的方式在流程前端或将出现机制失灵的问题。此时，由于现行规范之下集团内可共享的个人信息类型不明，个人信息保护规范无法实现效验不佳时的向下兼容，极易致使个人信息权益最终受到侵害。因此，鉴于个人信息保护现状，有必要廓清金融控股集团内可共享的个人信息类型。

（二）集团内部个人信息共享客体的规制进路

首先，应基于敏感程度划分个人信息共享客体。在集团内各个机构收集的个人信息中，依照敏感程度不同，可以分为四类个人信息，由敏感程度最高到不具有敏感程度形成个人信息类型划分的金字塔形。敏感程度最高的信息包括个人鉴别信息与个人生物识别信息。个人鉴别信息是用于验证个人身份的信息，主要包括银行卡等凭证的磁道数据或芯片等发挥类似效用的信息，该类凭证的验证码、有效期和密码，用户账户的登录密码、交易密码和查询密码等。个人生物识别信息是指个人的生物特征样本数据、特征值与模板，包括但不限于指纹、人脸、虹膜、掌纹、声纹、眼纹、步态、笔迹等。敏感程度最高的这两类个人信息不参与个人信息的共享环节。敏感程度较高的个人信息是指与信息主体关联更为直接且密切，遭到侵入时会带来更迫切危害的个人信息。具体而言，可以细分为与人身相关的个人信息和与财产相关的个人信息两类，与人身相关的个人信息主要包括个人的部分基本信息、医疗健康信息、宗教信仰信息、特定身份信息与行踪轨迹信息等，而与财产相关的个人信息主要包括金融账户信息、金融状况信息与交易信息等。在此类金字塔形的个人信息划分形态下，明确上述两类所涵括的有限的个人信息类型后，其余个人信息只要判定是否具有敏感性就可分别纳入敏感程度较低的个人信息与不具有敏感性的个人信息即一般个人信息之中。

其次，区分集团内个人信息共享接收主体的类型。在个人信息共享的行为结构中，由于个人信息的接收方是个人信息生命流程中共享之后个人信息安全风险的管控主体与直接负责人，因此，依照集团内个人信息共享接收主体的类型不同，可以分为由金融机构接收共享个人信息和由非金融机构接收个人信息两种个人信息共享模式。从内部的管理视角看，虽然在集团内个人信息共享背景下，金融机构与非金融机构同属于金融控股公司的管理之下，具有相对亲密的关系，但是各个机构本身终归是独立的法人。非金融机构在个人信息安全管理的技术、人员、设施、资金投入、制度等方面相较于早已开展金融科技研发与信息管理系统建设的金融机构，存在一定差距，且由于金融行业内部个人信息分级分类管理与加工处理等的标准较为统一，相关技术的移植与共享相较于金融机构与非金融机构之间或是非金融机构之间更为容易。因此，在集团内进行个人信息共享时，应在依据敏感程度类型化个人信息的基础上对参与共享主体的权限进行适当区分。

最后，实现待共享个人信息客体与个人信息共享参与主体的双向匹配。在由金融机构接收共享个人信息的模式之中，金融机构在满足其他个人信息处理原则与规则的前提下，可以接收除敏感程度最高的个人信息之外的其他三类个人信息。在由非金融机构接收个人信息的模式之中，非金融机构在符合其他要件之后只可以接收敏感程度较低和不具有敏感性的一般个人信息。在二分的个人信息共享模式下还须注意，当客户行使作为自决权利直接体现的知情同意权，同意甚至主动指示范围外个人信息的共享行为时，集团内的机构就不再受到客体范围规则的限制；当构成集团内个人信息委托处理时，集团内的受托主体并非个人信息处理者，而是个人信息处理的受托人，其依据委托合同需承担为客户个人信息保密、安全保障等义务，这种委托处理行为也不受共享客体范围的约束。

三、金融控股集团内部个人信息共享的行为规制：以告知同意为中心

（一）集团内部个人信息共享行为规制的困境

金融控股公司各个所控股机构的企业隐私政策是披露该机构处理客户个人信息及客户投诉受理机制的重要文件，因此，也成为集团内披露个人信息共享规则的重要途径。然而，在分析整合中信、光大、招商、平安等形成或事实上形成金融控股集团下所控股机构以“隐私政策”、“个人隐私保护条款”或“用户服务协议”为名的文件后，可以发现这类政策或协议中几乎没有关于集团内个人信息共享行为规则的特别规定。集团内各机构各自共享规则的差异、混乱，以及集团内个人信息共享具体规则说明的缺失，使共享行为缺乏合规基础，集团无法发挥信息协同共享的优势，也不便于机构合理适时地履行告知义务，从而侵害客户的知情权和选择权。

由于交叉销售是集团内个人信息共享的主要目的，许多以金融机构为代表的机构已相继发布集团内部的交叉销售管理办法，例如《中国太平洋财产保险股份有限公司交叉销售管理办法》《中国人民保险集团公司交叉销售管理办法》等，但是该类管理办法仍无法取代集团内个人信息共享的规则。这不仅是因为内部规范适用范围狭窄①且不宜用于向客户履行告知义务，还因为该类管理办法本身未及时与逐渐建立和完善的个人信息保护法律体系相衔接，使得其理念与规则相对落后。

原中国银行保险监督管理委员会消费者权益保护局发布了多项与交叉销售相关的侵害消费者权益的通报，例如，2021 年第 19 号通报《关于华夏银行侵害消

① 金融控股集团内个人信息共享有多种应用方式，除交叉销售外还包括风险管理、模型训练、数据预测等。参见李播：《关于数据共享智能在金控集团的研究与思考》，载《清华金融评论》2022 年第 3 期。

费者权益情况的通报》中，消费者权益保护局指出，华夏银行在客户申领信用卡之前要求其必须同意该行向其推荐或营销其他产品和服务，并未提供拒绝接受的选择，该行为侵害了消费者的公平交易权。① 同时，基于客户个人信息共享的交叉销售也会产生产品强制捆绑、搭售等问题，该行为利用了客户个人信息进行筛选推广，但未因此为客户提供更为普惠的金融产品与服务，反而提高客户的融资成本，侵害消费者的合法权益。②

（二）“共享为先，安全托底”的利益平衡路径

金融控股集团内个人信息共享的法律关系模式源于企业与用户之间针对用户个人信息处理而产生的法律关系。由于集团内各所控股机构往往通过自建平台或与其他机构合建平台的方式依托平台提供各项产品与服务，且个人信息的传输、共享等行为依赖于信息设备，互联网时代企业与用户之间的法律关系常演化为网络平台与用户之间的法律关系。相较于二元主体的基础模式，集团内个人信息协同共享更趋于复杂。在企业与用户的双向联通中，共享行为不可避免将加入受共享方或者第三方机构，使得二元的法律关系架构转变为三元甚至多元的架构，法律关系的数量也将随之增加。

从微观的视角看，个人信息共享存在两种利益冲突，第一种是企业与个人之间针对个人信息利用行为而产生的利益冲突，作为客户的信息主体一方往往重视并要求保障个人信息权益所彰显的人格利益，企业则更关注个人信息利用过程中所可能产生的财产利益。第二种是共享企业与受共享企业之间的利益冲突，一般表现为交易机会、竞争优势、经济获利等商业利益上的冲突。③

---

① 参见《关于华夏银行侵害消费者权益情况的通报》，http：//www.cbirc.gov.cn/cn/view/pages/ItemDetail.html？docId = 1024118&itemId = 915&generaltype = 0，访问日期：2024 年 12 月 28 日。

② 参见《关于兴业银行侵害消费者权益情况的通报》，http：//www.cbirc.gov.cn/cn/view/pages/ItemDetail.html？docId = 995217&itemId = 915&generaltype = 0，访问日期：2024 年 12 月 28 日；《关于光大银行侵害消费者权益情况的通报》，http：//www.cbirc.gov.cn/cn/view/pages/ItemDetail.html？docId = 964715&itemId = 915&generaltype = 0，访问日期：2024 年 12 月 28 日。

③ 参见陈兵：《构设平台互联互通下多元主体利益平衡机制方案——以新〈反垄断法〉施行为契机》，载《东北师大学报（哲学社会科学版）》2022 年第 6 期。

在一般的个人信息共享中，上述两种利益冲突各有体现，难分主次。《个人信息保护法》第1条关于立法目的的规定将“保护个人信息权益”列于“规范个人信息处理活动”以及“促进个人信息合理利用”之前，这与该部法律旨在维护自然人民事权益的性质密不可分，从侧面反映了在企业与个人的利益相冲突时，现有制度所采用的利益平衡路径相对凸显和偏向个人的信息权益，而相对淡漠企业的经济效益，即“安全优先于效益”。但是在金融控股集团内个人信息协同共享下，这种利益平衡路径可能因存在诸多问题而不再适用，原因在于：其一，协同共享下各主体利益的格局发生改变，企业间的利益冲突由于关联关系的存在和金融控股集团层面的统一调配管理而走向消解，企业与用户的利益冲突反而因两种企业之间相互牵制的利益矛盾不再而加剧。此时，企业间的矛盾较少或不再主动需要竞争法调整，协同共享中企业之间的共享规则转而更需要个人信息保护法律制度加强规范。其二，原先重协调企业与个人关系而轻企业间关系的利益协调方式与协同制度本身存在冲突，现有的个人信息保护制度将规范视角局限于企业与客户，可能使得协同本身缺乏具体的制度供给而无所适从，甚至出现协同的相关规定形同虚设、制度架空的情况。

集团内个人信息协同共享应采用“共享为先，安全托底”的利益平衡路径。“共享为先”与“安全托底”应在协同共享的背景下联合看待，协同效应所要求的更宽松的共享规则以严格与完善的内部制度和风险管理理念为前提，制度与理念也将最终导向“共享为先”的规则内核。“共享为先”不意味着个人信息安全将处于劣后的位置，而应理解为在保障个人信息安全的前提下，充分鼓励个人信息在集团内的协同共享，不可制造制度上的障碍与壁垒以阻碍协同共享，也不必将个人信息安全的规范限度无限扩大与升格。

（三）集团内部个人信息协同共享的行为规则

第一，适当履行告知义务。履行告知义务是金融控股集团内各机构参与个人信息协同共享的前置性程序。适当履行告知义务应着眼于完善告知方式、告知内容与告知形式。就告知方式而言，由于共享企业与受共享企业具有紧密的联系，集团内对于个人信息的处理规则一般大同小异，应当允许集团内协同共享的参与主体尤其是具有相近规则的金融机构联合告知，通过共同制定隐私政策的方式将相同的规则统一化处理，例如使用相同的表述、概念、词汇等，同时，凸显处理规则中具有差别的地方。这种联合告知的形式也更便于动态告知的实现，告知义务并非一蹴而就，当个人信息的处理规则等发生变更时，应当适时地以合适的方式再次告知客户，告知义务应当贯穿信息处理的全生命周期。① 以联合告知的方式履行告知义务可以避免客户对所涉企业不断更新的政策产生疲劳，相较于多企业多份隐私政策的更迭，联合政策更具有聚合、便捷的优势。就告知内容而言，除常规的个人信息处理方式与处理目的等事项之外，集团内协同共享时，各机构的个人信息处理规则还应当包含告知后续利用环节中客户个人信息可能的用途和潜在的风险，尤其需要对交叉营销的个人信息处理行为进行单独说明。就告知形式而言，应当达到明确且显著的标准。明确标准可以分为表意明确与格式明确两项要求，表意明确是指企业在隐私政策中使用的语言应当保证平实易懂，格式明确则要求企业以与展示内容相匹配的方式如使用表格、图例、音像等，对个人信息的处理规则等内容分门别类地进行说明。显著标准意为，企业应当以明显的标识如划线、加粗、黑体、放大等对隐私政策中的重要内容进行标注。

第二，有效保障客户知情同意权。知情同意是现代个人信息保护法律关于个人信息处理者与个人之间就个人信息处理行为应如何开展而规定的基础范式。② 在知情同意范式下，依据同意的要求与标准不同存在两种模式，即择入式与择出式。前者是指个人信息处理者采集个人信息须事先征得个人许可，后者则是指个人信息处理者采集个人信息无须事先征得个人许可，但是个人享有选择退出的权利。③ 在金融控股集团内个人信息协同共享的场景中，采用择出式的规则通常以一定的经济效益作为正向激励，有助于破除择入式下同意虚化的弊端，更符合协

① 参见朱芸阳：《个人金融信息保护的逻辑与规则展开》，载《环球法律评论》2021年第6期。

② 规范个人信息处理行为的其他范式还包括卡-梅框架、经济激励机制等。参见丁晓强：《个人数据保护中同意规则的“扬”与“抑”——卡-梅框架视域下的规则配置研究》，载《法学评论》2020年第4期；刘颖：《数字社会中算法消费者的个人信息保护体系构建》，载《广东社会科学》2022年第1期。

③ 参见郑佳宁：《知情同意原则在信息采集中的适用与规则构建》，载《东方法学》2020年第2期。

同制度的立法目的，也更契合“共享为先，安全托底”的利益平衡路径。为了避免制度剧烈转变时金融控股集团内部的协同制度与理念无法及时跟进与匹配的问题，在开始施行择出式时可以将适用范围限于两方均与客户达成合同关系的协同共享行为，即共享企业与受共享企业均与客户建立商业往来，如客户在银行开户、购买保险产品等，待时机成熟后再考虑扩大适用范围，将金融控股集团内任意的个人信息协同共享行为纳入其中。

第三，完善内部信息安全管理制度。集团内部的信息安全管理制度是机构内防范信息安全风险的第一道防线，也是企业日常个人信息共享等处理行为准则的参照，具体包括参与个人信息协同共享人员的管理规范、参与个人信息协同共享的行为规范、安全监测及风险评估制度、客户申诉处理程序的制度等。金融控股集团可以发挥集中管理的优势，在集团层面架构信息安全管理制度，避免各所控股机构之间的安全管理机制难以对接。除通常安全管理事项的制度外，金融控股集团及各所控股机构还可以结合内部协同的具体制度安排，制定对如交叉营销等业务的细化规范，通过更精细化的规则实现对个人信息安全更为细致的保护。

四、金融控股集团内部个人信息共享的责任规制：以立体责任为特征

（一）集团内部个人信息共享责任规制的困境

金融控股公司及其所控股机构在进行集团内个人信息共享时侵害个人信息权益所需要承担的各项责任散见于《刑法》《个人信息保护法》《消费者权益保护法》等法律之中。作为保护个人信息权益、规范个人信息处理活动的特别法，《个人信息保护法》集中规定了个人信息处理者违规处理个人信息时应当承担的各部门法责任，然而现有责任的规范体系总体呈现出较为单一、平面的样态，使得该法所要推动构建的个人信息权益立体保护目标难以通过有效追责的方式实现。

个人信息权益是私法权益，侵权责任是当事人承担侵犯个人信息权益民事责

任的主要方式。《个人信息保护法》第69条第1款规定，个人信息处理者在不能证明自己没有过错时，应当承担损害赔偿等侵权责任。可见，作为个人信息处理者的金融控股公司及其所控股机构在侵犯客户信息权益时应承担过错推定责任。该规定降低了个人承担举证责任的难度，将风险负担意义上的证明责任交由个人信息处理者承受。[①] 为扩大条文普适性，现行规定不可避免地存在对侵害个人信息权益行为适用背景的考量相对统一和单一的问题，在制定集团内协同共享的具体规则时需考虑，鉴于集团内部协同共享相较于内外共享及一般共享行为而言具有更大的便利性，金融控股集团在承担责任之时是否也应具有更特殊的加重规则，从而避免权利与义务的不对等。

就机构与相关负责人应承担的行政责任而言，《消费者权益保护法》第56条率先明确了经营者"侵害消费者个人信息依法得到保护的权利"时，应当承担的处罚。在《个人信息保护法》施行之后，由于已有特别法对处罚方式作出规定，《消费者权益保护法》第56条关于侵害个人信息权益受行政处罚的规定也退居二线。《个人信息保护法》第66条关于行政处罚的规定除传统的责令改正、给予警告、没收违法所得、罚款等之外，还加入了一定期限的行业禁入、以营业额比例为上限计算罚款等内容，更利于提升监管力度，肃清行业乱象。在认定行政责任时，现有的立法规范主要着眼于规范最终的责任承担结果，规制环节较为单一，但违法处理个人信息的行为相较于一般违法行为而言更具专业性、隐蔽性、辐射性，若不在行为发生之后的预处理与认定环节扩大监管主体参与的范围、提升参与力度，则监管机构在决定最终责任承担的结果时，可能无法收集足够的证据材料或是将扩大受影响信息主体的范围，甚至造成无法挽回的损害后果。因此，在规范集团内个人信息共享，认定行政责任之时，还需发挥企业的积极性，妥善开展个人信息侵害事件的预处理与报告工作，切实缩小波及范围。

《刑法》关于公民个人信息权益受到侵害的规定集中在侵犯公民个人信息罪的规定之中。就金融控股集团内个人信息共享行为而言，由于国家对金融控股集团已实行准入管理，总体而言，大型金融控股集团的个人信息治理效果较好，鲜

---

① 参见程啸：《论个人信息侵权责任中的违法性与过错》，载《法制与社会发展》2022年第5期。

少出现向他人出售或提供公民个人信息以至于需承担刑事责任的情形。因此，在进行刑事责任认定时应主要区分罪与非罪，着重分析罪名成立的要件与出罪事由，尊重刑法的谦抑原则。

（二）集团内部个人信息共享立体责任的构建

关于共同处理个人信息情形下的民事责任认定，依据《个人信息保护法》第 20 条的规定，在共同处理个人信息过程中，若个人信息处理者侵害个人信息权益造成损害，则应当承担连带责任，不论个人信息处理者内部对权利与义务作何约定，个人都可以向任何一个个人信息处理者主张权利。相较于一般的共享行为，金融控股集团内各控股机构开展协同共享将享受更大的权限与自由，但是在共同处理造成损害时其承担的责任与一般共同侵权行为承担的责任并无不同，在权利与责任的衡量上显现出不对等。在集团内协同共享的情况下，所控股机构共同处理个人信息侵犯客户个人信息权益时，应当适用加重责任。

在认定共同处理的侵权责任时，加重责任体现在，对侵权行为进行认定时，要合理界定共同处理与单独处理、委托处理等行为之间的界限，防止集团内机构通过合同约定转嫁责任。因此，在认定侵权行为时，应当采用“穿透”的认定方式，可以借助欧盟第 29 条工作组在《关于“控制者”和“处理者”概念的意见》（Opinion 1/2010 on the concepts of “controller” and “processor”）中关于控制者决定权来源认定的标准，将实际影响作为共同处理行为的辅助判定因素。在认定共同处理的侵权责任承担主体时，加重责任体现在，除集团内参与个人信息处理活动的所控股机构需承担连带责任外，连带主体还应当包括金融控股公司。从公司治理角度看，金融控股公司对于集团内包括个人信息协同共享在内的协同行为具有协调、监督、促进完善的法定义务，为避免个人信息权益受侵害时消费者陷入投诉无门、维权困难的困境，追加金融控股公司为连带责任的承担主体有利于发挥金融控股公司在集团内的持续管控作用，有效督促涉事机构向消费者及时赔付，同时，厘清内部的责任分配问题，推动机构事后的信息安全建设与自查自纠工作，避免侵害个人信息安全事件再次发生。

行政责任认定应以评估与报告制度为核心环节。欧盟《一般数据保护条例》

在第 4 章“控制者和处理者”中的个人数据安全部分要求，控制者负有在个人数据遭受非法使用之后向监管机构和数据主体报告的义务，同时规定，若控制者适当地履行报告义务，则在作出处罚决定时，监管机构应将此视为减轻处罚的因素，报告义务因此具备了正向的经济激励功能。

金融控股集团内发生个人信息安全事件时，可以借鉴域外经验率先构建机构的评估与报告制度。评估与报告制度的规范主要包括四个方面，即评估与报告的时间节点、评估与报告的内容、评估与报告的责任主体、机构评估后的报告对象。就评估与报告的时间节点而言，机构在发现个人信息受到非法使用之后，原则上应当毫不迟疑地报告，限于事件成因可能相当复杂或事件牵涉主体众多，机构的报告行为可以分阶段逐步进行。在首次报告之后，随着评估分析的深入，机构可以依据具体情况或应监管机构的要求进行二次或者多次的报告、数次报告之间的时间间隔因时制宜，但是参照《一般数据保护条例》的规定，第二次报告时间不得晚于首次报告后的 72 小时。就评估与报告的内容而言，应当随时间推移至少包含以下几项内容：其一，受影响的信息主体的范围、个人信息的数量与类型，关于这一方面的信息应当尽可能准确；其二，此次个人信息安全事件已产生的影响以及可能产生的最终后果；其三，机构对个人信息安全事件的处理预案，机构已采取的减小影响措施及效果，包括机构可能成立的应对小组及相关的联系方式等。就评估与报告的责任主体而言，在集团内共同处理情形下，所有参与机构均为责任主体，但是双方可以协商确定由一方或者合建的专案小组作为与监管部门对接的直接负责人，金融控股公司应当发挥督促和管理的作用，协助所控股机构履行评估报告义务。机构评估后的报告对象应为对应的个人信息安全监管部门。在新的监管格局下，金融控股集团内发生个人信息安全事件时，应当由国家金融监督管理总局、国家数据局以及《网络安全法》所规定的国家网信部门①联合履行监督管理职责，发挥保护金融消费者合法权益、保障数据安全共享

① 《网络安全法》第 50 条规定：“国家网信部门和有关部门依法履行网络信息安全监督管理职责，发现法律、行政法规禁止发布或者传输的信息的，应当要求网络运营者停止传输，采取消除等处置措施，保存有关记录；对来源于中华人民共和国境外的上述信息，应当通知有关机构采取技术措施和其他必要措施阻断传播”。国家网信部门现主要指中华人民共和国国家互联网信息办公室。

的职能。

刑事责任认定应以构成要件为分析重点。就行为类型而言，《刑法》第 253 条之一将“向他人出售或者提供公民个人信息”以及“窃取或者以其他方法非法获取公民个人信息”视为侵犯公民个人信息的行为，实际上是从个人信息的输入与输出两端界定个人信息权益是否受到侵害，与信息自决权保障个人对信息处理范围决定权的理念相近。集团内机构在事前收集或事后储存管理过程中，获取的个人信息若是违反国家规定购买、交换而来，或者机构内相关人员在管理过程中贩卖个人信息，则在行为类型上满足侵犯公民个人信息罪的要求。值得注意的是，依据《最高人民法院、最高人民检察院关于办理侵犯公民个人信息刑事案件适用法律若干问题的解释》（以下简称《个人信息刑事案件解释》）第 9 条的规定，集团内机构不履行信息网络安全管理义务且拒不改正，致使个人信息泄露的，机构及相关管理人员应当按照拒不履行信息网络安全管理义务罪定罪处罚。就行为的危害程度而言，由于刑事法律规范须遵守谦抑性原则，在行为类型符合的基础之上，行为须达到情节严重或情节特别严重的程度。《个人信息刑事案件解释》第 5 条依据行为造成的后果严重程度、个人信息的类型及类型对应的数量、违法所得、过往处罚等要素进行综合判定。例如，集团内机构用于共享的信息源于非法购买，从中获利 5 万元以上，或是曾受刑事处罚或二年内受过行政处罚以及《个人信息刑事案件解释》第 5 条规定的其他情形，方可成立侵犯公民个人信息罪。

五、结语

随着云计算、大数据等技术的革新和数据生产要素所具备经济价值的不断显现，个人信息共享已成为重要的个人信息处理方式。金融控股集团作为结构更优化、利润更大化的商业架构形态，凭借其独特的协同制度优势，可以更好地从个人信息共享环节中获益。对金融控股集团内部个人信息共享的法律规制要以个人信息安全风险管控为基础，突出个人信息协同共享的效益，实现安全合规与高效有序的动态平衡。

在党的二十届二中全会党和国家机构进行改革后，国家金融监督管理总局、国家数据局相继成立，各自履行金融控股集团的日常监管和金融消费者权益保护的职责。在新的监管框架下，金融控股集团内部个人信息协同共享制度将迎来更细致、与既有法律法规衔接更好的规范。同时，随着金融控股集团数量的增长，在金融监管过程中，集团的财务、人员管理等制度也将成为金融控股集团下法律规制的重要议题。

论平台滥用市场支配地位的反垄断法规制*

檀 明**

摘要：平台作为一种新兴商业组织形态，具有短周期性、低成本性、技术性和控制性的特征。在平台竞争语境下，互联网的运用催生了多边市场的形成，平台具有了独特的网络外部性，进而形成网络锁定效应和特有竞争格局。平台竞争的动态性显著且叠加跨界竞争，其相较于传统市场竞争更易诱发新型风险。在内因、外因双重作用下，平台垄断规制面临多重挑战。平台垄断中的相关市场界定仍应以需求替代为主，但又体现出一定特殊性。厘定市场支配地位时应强化市场份额推定，增加平台相对优势地位的认定。在重视政治效用、贯彻包容审慎态度、保持执法谦抑、着力事前监管等规制理念交互作用下，应注重完善与创新规制手段，保证规制立法及时跟进，提升反垄断执法机构工作能力，借此推动平台滥用市场支配地位的反垄断规制。

关键词：平台 滥用市场支配地位 相关市场 反垄断

新型信息技术不断更新迭代，数字经济正深刻改变着人们的生产生活方式，由其哺育的数字平台成为重要的市场主体。借助互联网经济发展的雷霆之势，平台打破了传统市场配置资源的模式，形成交叉网络效应，平台经济体成为数字经

---

* 本文为中国政法大学2022年专业学位示范性教学案例建设项目“电子商务与法律示范性教学案例”（项目编号：ZYXWAL2204）的阶段性成果。

** 中国政法大学民商经济法学院博士研究生。

济发展的新型生产组织形态。然而，平台在迅猛发展过程中未受到应有监管，催生了诸多存害于市场竞争的新行为与新问题，《反垄断法》应对平台经济的垄断行为有所因应。2021 年 2 月 7 日，国务院反垄断委员会在草案公布月余后正式发布《关于平台经济领域的反垄断指南》（以下简称《指南》），强调了《反垄断法》的普适性，意在促进平台经济健康发展。而在国家针对平台垄断的高压态势之下，自 2021 年起，国家市场监督管理总局陆续发出诸多处罚决定。[①] 2021 年 10 月，国家市场监督管理总局发布国市监处罚〔2021〕74 号行政处罚决定书，认定美团因限定交易排除市场竞争，将被处以 3442439866 元的罚款，全额退还违法收取的独家合作保证金 1289598329 元，并由国家市场监管总局签发行政指导书。国家重拳整治平台经济垄断乱象，互联网平台反垄断大幕由此拉开，此亦昭示着滥用市场支配地位等垄断监管与规制制度变革需因应数字经济独特的“网络效应”属性。2022 年，《反垄断法》正式修正，其在第 22 条第 2 款规定，具有市场支配地位的经营者不得利用数据和算法、技术以及平台规则等从事前款规定的滥用市场支配地位的行为。这是对平台滥用市场支配地位进行垄断的总括性规制条款，也表明平台滥用市场支配地位参与竞争的垄断行为亟须规制。同时，国家市场监督管理总局又于 2023 年发布了与《反垄断法》配套适用的《禁止滥用市场支配地位行为规定》（以下简称《规定》）等一系列规范性文件。2023 年《政府工作报告》提出，要“大力发展数字经济，提升常态化监管水平，支持平台经济发展”，2024 年《政府工作报告》中又提出，“支持平台企业在促进创新、增加就业、国际竞争中大显身手”。由此可见，我国平台数字经济的发展已进入常态化监管阶段。但是，平台参与市场竞争具有相应的特殊性，这使得平台的垄断行为较难监管，在实践中面临相应的现实问题和规制困境，本文试对平台滥用市场支配地位的反垄断路径予以探析。

---

① 如先声药业集团有限公司因拒绝交易被处以 1.007 亿元罚款（参见国市监处罚〔2021〕1 号行政处罚决定书）。后阿里巴巴集团涉嫌实施垄断行为被立案调查，最终被认定滥用市场支配地位从事限定交易的垄断行为，处以 182.28 亿元人民币的巨额罚款（参见国市监处罚〔2021〕28 号行政处罚决定书）。

一、平台竞争相关界定

（一）平台的定义

大型网络平台，因满足生产与生活需求而迅速发展为“新型公用事业”。[①] 在数字经济语境下，平台是数据的搜集者和利用者，是算法的构造者和经营者。《指南》中将平台定义为一种商业组织形态。可以说，平台是新信息技术快速发展的产物，是数据汇合的载体，它提供了一个从事交易活动的场所。平台存在的主要目的是为交易达成提供条件，并从中收取费用，而非通过自身生产产品的方式营利。数字平台是使相互依赖的双边或者多边主体在特定载体提供的规则下交互，以此共同创造价值的商业组织形态。[②] 平台作为最前沿的算法技术运用场域，是新的生产生活工具，但也因其为多边主体构建了交易市场，且往往具有用户黏性，是新型垄断行为易发、多发之地。

（二）新兴平台主要特征

平台的主要特征贯穿平台治理的始终，把握平台特征方能契合平台垄断规制的要求，围绕平台特征方能构建适合平台治理的良性路径。平台的主要特征如下：第一，短周期性，即产业成熟周期不断缩短。互联网平台企业的平均产品生命周期和企业寿命大大缩短，市场中的资金流动迅速、劳动力贬值严重、技术水平持续提高，使得产业稳定与发展极具不确定性。由此，数字平台的规模因数字经济快速变化的特性而持续扩张，而短周期的特性足以使单个平台快速扩张为大型企业，并快速抢占市场，享有先发优势。第二，低成本性。对内而言，平台较之普通市场竞争主体，降低甚至省去了生产、交换、流通等多个费时费力的经济环节，降低了参与竞争活动所需的成本；对外而言，数字平台的市场竞争本质上

---

① 参见高薇：《平台监管公用事业理论的话语展开》，载《比较法研究》2022 年第 4 期。

② 参见郑佳宁：《电子商务平台经营者的民事责任规范进路》，载《学术研究》2024 年第 9 期。

无须价格机制参与，平台经济服务产品重复使用，用户甚至无须支付对价便可享受平台产品和服务。第三，技术性。平台本质上是基于双边市场结构的虚拟交易场所，具有明显的技术特性，平台的运行依赖算法的发展，平台的竞争优势地位和在市场中的表现很大程度上是由算法发展程度决定的，算法发展稳定、数据更新迅速的平台更容易在市场中占据有利地位，并由此吸引更多用户。在此过程中，平台利用其掌握的大量数据资源不断放大其竞争优势，从而“反哺”其产品和服务质量。可以说，平台超越了一般市场中主体所要求能够达到的生产经营水平，是大数据时代的典型科技产物，是算法技术最显著的表现。平台通过大数据分析掌握供求关系，并借助技术优势形成平台流量与资源，并基于此展开市场竞争。第四，控制性。2010 年谷歌退出国内市场以来，互联网市场竞争逐渐成为几大巨头的内部竞争。在市场竞争中，头部平台企业率先抢占市场高地，排挤后发企业，甚至对特定产品供给、需求和交易进行排他性控制，资源无序扩张难以防范和阻断。平台的控制性不仅体现在对市场的控制上，还体现在平台内，即指其对发生在该平台上的交易活动予以掌握、支配，使相关事项运行在其设定的范围内。[①]

（三）平台竞争的独特之处

平台经营者虽多为公司，但与传统公司承担的社会职能不同，传统公司只是作为市场竞争的参与主体出现，但平台的存在实际上是为交易方提供交易市场，故网络平台自身实际上也形成了一个所谓的交易市场。平台的核心业务是运营这种交易市场，故其先天成为自己所运营市场的“看门人”，可以掌握各项平台内经营者和消费者的数据，并以这些数据为自身服务，具有控制交易的能力。而本文探讨的平台竞争特征建立在平台独有特征的基础之上，更侧重于关注平台竞争相对于其他竞争模式的特性。

第一，互联网的运用催生了多边市场的形成。数字平台作为交易活动的中介场所，肩负着为普通交易的买方和卖方牵线搭桥的使命，其在经营者和消费者的

① 参见郑佳宁：《混合型服务平台的法律责任承担——以外卖送餐平台为蓝本》，载《社会科学辑刊》2023 年第 3 期。

交易活动中发挥着信息传递与对接的“中介式”作用，由此形成双边或多边市场。具言之，平台运转的主要流程是通过补贴等手段先积累较多的商户和数据流量，吸引更多消费者进入平台，消费者有倾向性的选择行为又吸引更多卖方加入市场。由此，平台成功聚集双边或多边经济主体。平台是连接不同用户群的产品或服务的双边或者多边市场，核心业务是提供公用场所来促进各方客户群体成员的会面与交流。① 平台再以交叉补贴的方式，向双边市场中的经营者和消费者收取不同费用，掌握针对双边主体的优势地位。同时，平台在对海量数据进行收集整理的过程中，大多力图促进数据要素与交易资源整合，推动同行业或跨行业集中，以创造外部价值。相较而言，普通市场竞争主体往往很难同时成为交易双方的载体，也难以自己循环创造价值，其经营活动几乎无可能达成无限趋近于零的边际成本，不能独立地形成一个交易市场，而只能参与相关市场进行内卷式的竞争。

第二，平台有独特的网络外部性，进而形成网络锁定效应和特有竞争格局。网络外部性是指每个用户得到的效用随着使用相同产品或服务的用户数量的变化而变化，且平台经济的形成依赖于交叉网络外部性。这种交叉的网络外部性使平台的网络外部性具有了直接与间接之分，直接的网络外部性是指平台效用随用户数量增加而增加，而间接的网络外部性是指用户增加会对其他边产生作用。简言之，平台的网络外部性具有交互性意义，任何一边用户数量的增加都会提高另一边用户的效用。在这种网络外部性作用下，更早进入市场、掌握核心技术、获得资金优势的平台，会在竞争中占据更有利地位。先进入市场的平台经营者业已积累了大量用户，且用户对于平台使用已经形成了黏性，这就使得此类平台具有了先发优势，再附加交叉网络外部性的作用，很容易便能实现“赢者通吃”，使后进入市场的平台丧失生存空间。相较于数字平台，传统市场很难形成寡头市场，其不具有独特的网络锁定效应，也不会出现急剧的先入者挤压后发者的优势。而率先进入市场的平台，对其用户形成了独特的数据黏性，这种黏性在普通市场中表现得并不显著，很少有市场竞争主体能像平台一样具有强大的用户黏性，即使

---

① 参见王先林：《论常态化监管下平台经济领域反垄断的定位和举措》，载《江淮论坛》2023 年第 4 期。

具有用户黏性，或其程度远逊于平台，或不至于使竞争者直接掌握支配地位。

第三，平台竞争动态性显著，且叠加跨界竞争。由于数字经济的经营效率比传统经济高得多，故而相较于普通经营，平台的产业成熟周期无限缩短，且经营成本相对较低。然而大数据更新迭代速度过快，数据要素分配先天不均，即使市场准入成本不高，大量的市场经营者堆积与流动仍导致平台竞争市场时刻处于动态调整之中。对于平台这种信息技术产物，市场资源配置作用发挥不再显著，对创新水平与建设效率的追求日益增长。平台经营的成本主要集中在算法迭代和数据更新上，这就导致平台竞争的动态变化显著，数据落后或算法更新不及时便会导致平台经营者与竞争市场脱轨。在此基础上，率先进入市场的头部平台就拥有了资本扩张的可能，可以同此类平台叠加跨界竞争与多元经营，在原有寡头垄断的产业中谋取新的经济增长点，进而对其他产业顺其自然地实现跨界经营。这些都是普通市场竞争很难产生的局面，也因此催生了垄断行为的多样化与不稳定性。

此外，平台经济相较于传统市场竞争更易诱发新型风险。传统市场竞争由于没有大数据技术作为支撑，所谓的风险大多只发生于竞争者之间，很难波及其他市场主体。但在数字平台快速发展的情形下，数据争夺和滥用愈演愈烈，数据层是大数据时代平台组织运作的基础，平台在数据聚合和规则化的基础上捕捉商机。[①] 由是，平台竞争带来的风险具有多样性，例如，平台滥用优势地位的行为可能直接对消费者隐私和个人信息造成威胁。[②]《个人信息保护法》实施已有一段时间，但数据安全相关问题在算法高速发展的当下仍难以受到有效监管，个人信息泄露恐波及国家安全，而由此诱发的道德问题在传统竞争领域难以得见。

二、平台滥用市场支配地位的成因与规制挑战

在平台实力不断扩大的同时，平台资本无序扩张现象日益严重，对于有序的

① 参见郑佳宁、吴悠然：《城市配送服务平台经营者的私法规制》，载《河北学刊》2023 年第 5 期。

② 参见叶明、张洁：《反垄断法保护个人信息权益的理据与路径》，载《华中科技大学学报（社会科学版）》2023 年第 1 期。

市场竞争环境产生了诸多威胁，数据平台未受到与之相适应的配套监管，垄断问题逐渐显露。故而，应基于平台独有特征及其相应竞争特性，立足平台竞争的网络外部性及由此形成的动态性，结合平台独特的短周期性、低成本性和技术性等特征，对平台垄断的成因加以分析，借以厘清平台垄断行为带来的挑战。

（一）平台滥用市场支配地位的成因

平台滥用市场支配地位行为的成因主要分为内因和外因，其中当以内因为主。

第一，内因分析。首先，交易双方信息不对称。信息获取的不对等必然会挤压竞争。一方面，平台作为特殊的市场主体，其从事相关经营行为时掌握甚至制定了相关的信息获取规则，实际上又能自主决定是否披露相关信息。这对处于平台中的经营者和消费者而言，在先天上存在不公平的因素，处于优势地位。另一方面，平台内经营者（商户）作为卖方实际上掌控了平台经营活动的较多内幕，在网络平台交易中掌握主动权，进而会在一定程度上扭曲交易资源配置。其次，供求端效应的作用扩大了平台的规模。平台供给和需求两侧的市场主体交叉影响，易形成规模经济的自我膨胀，[①] 而规模越大，吸引供给者的能力就越强，进而通过品牌效应，使需求侧集聚规模庞大的消费者，这种相互吸引将使平台快速扩张，形成交叉网络外部性，实现规模效应，引发垄断行为。再次，平台可运用技术、管理优势实施滥用市场支配地位行为，例如电商平台“二选一”的行为。这些都是根据先发的优势地位和对于算法规则的持续性掌握而开展的不正当竞争活动，且这些基于算法的垄断行为不易被发现、较难规制，成为平台实施垄断的重要工具。技术的快速变迁要求监管机构因势利导、不断求变，但监管机构可能在短时间内无法调整监管路径，或未能及时掌握平台监管方法，给垄断行为以可乘之机。最后，平台规避监管。平台利用政府调控的滞后性，以新兴技术逃避反垄断监管，以新兴经营模式和新型技术模糊监管边界。政策制定的步伐总是滞后于信息发展的速度，这是成文法的局限性造成的，政策出台和法律修改具有不周

① 参见周文、韩文龙：《平台经济发展再审视：垄断与数字税新挑战》，载《中国社会科学》2021 年第 3 期。

延性和滞后性，这使得数字平台利用算法等新技术手段规避反垄断监管的行为较普通市场竞争更易实现，常态下的监管手段较难以维系平台监管的常态化目标。

第二，外因分析。一方面，互联网经济发达，反垄断执法机构缺乏相应的技术经验，执法时无所适从。传统《反垄断法》认定的滥用市场支配地位的行为无法适应新发展阶段的平台垄断，即使2022年修正的《反垄断法》针对平台滥用市场支配地位的垄断行为规制，也只进行了笼统规定，而没有作出更为细化的处理。同时，执法机构对平台滥用市场支配地位的边界及其效果尚未形成清晰定位，贸然执法可能会对平台市场经营活动造成巨大危害，对经济发展产生不利影响，故执法机构多会采取审慎态度参与执法。另一方面，反垄断监管滞后。例如，我国《反垄断法》针对平台垄断尚未制定相应对策，以至于出现了监管缺失或监管过严的情况，并因违反比例原则而实施了畸轻或畸重的监管手段。同时，为了发挥市场的决定性作用，国家干预“必须尊重市场规律，注意权力行使的边界与强度，保持谦抑干预和精准干预”[①]。这使得监管手段的落实天生具有后发性，只有在市场失灵的情况下，作为后发的政府干预才真正有用武之地，但平台的双边效应和动态变化性使监管机构较难采取合目的、可预料的行动。

（二）规制平台滥用市场支配地位的现实挑战

第一，平台垄断本身具有隐蔽性与强制性，增加了反垄断规制难度。一方面，关于隐蔽性。相对于平台中的消费者和经营者而言，平台本身具有优势地位，数据信息与算法的结合使得平台垄断行为技术性较强，不易为平台使用者所探知，这就使得数据垄断的形成机理趋于复杂化，平台用户难以花费较多的注意力监管平台垄断行为，经营者也不愿耗费经营成本监管平台，平台内用户多抱着得过且过的心态使用平台。同时，网络平台独特的锁定效应，使得先行进入市场的平台具有了排除和限制后发竞争者的先天优势，平台若利用这种优势地位便可轻易地阻碍后发竞争者进入市场。加之，若先行进入的平台叠加已经成形的管理和技术优势，极易导致滥用市场支配地位行为的发生。另一方面，关于强制性。

① 刘大洪：《“中国式现代化”与有为政府的经济法促进》，载《政治与法律》2023年第8期。

平台有强大的资源配置功能，享有制定、执行平台内与平台间交易规则的权力，实际上享有平台内部市场管理者的身份。于是，数字平台既是市场竞争者，同时也是平台内部秩序的创造者和管理者，这使得平台本身掌握了制定规则的巨大权力，平台内经营者不得不对平台形成依赖。再者，凭借巨头平台在交叉网络外部性和用户锁定效应上的绝对优势，平台内经营者和消费者因难以与之抗衡，常被动接受垄断，被迫进入平台垄断的怪象而无法逃脱。

第二，数量竞争向质量竞争的转向，使平台是否从事滥用市场支配地位等垄断行为较难认定。大数据市场“零价格”竞争的特点导致价格无法发挥相应作用，质量逐渐取代价格成为关键竞争因素。① 掌握高质量数据的主导经营者势力越发强劲。这种由按照数量界定市场地位过渡到按照质量界定市场地位的全新转向，给予网络平台主体以可乘之机，因为质量水平的衡定标准实难确定，这种质量标准的判断在多数情形下需要通过市场机制实现，即按照市场用户的选择对平台的经营水平进行实质性判断。而界定方法的相对性决定了判断平台竞争能力大小以及平台是否占据支配地位还需要其他要素的共同加入，且应参照其他产品才能进行合理评估。但是，这也致使数字平台在进行相应竞争活动时可能会采取一定具有导向性的规避措施，更加剧了实践中规制的难度。

第三，平台垄断可能诱发政治问题，公权力的不当介入给平台垄断监管带来挑战。平台垄断不仅是经济问题，而且还是政治问题，因为互联网平台可能也具备某些政治影响力，特别是一些在社交、电商等领域掌握了控制地位的平台，常成为网络舆论和政策手段的导向，它们的影响力已经远超经济和市场的范畴，而扩张到部分政治领域。一系列事件表明，互联网超级平台正在利用其权力将用户变成选民，使组织能力变成抗议手段。平台作为市场经营主体，本只享有参与市场竞争的“权利”，但平台的话语权不断扩张，平台自行制定竞争规则和准入、交易规则，使平台成为交易决定方，具有了公权属性，真正享有了市场交易规则厘定的“权力”。可以说，随着数字化进程不断推进，超级平台已经渗透入各关键经济领域，有时甚至出现执法机构难以脱离平台进行治理的窘境。同时，数字

① 参见殷继国：《大数据经营者滥用市场支配地位的法律规制》，载《法商研究》2020年第4期。

平台实际上已经成为数据利用、算法开发的前沿阵地，成为各前沿研究领域的重要参与者，平台的发展水平一定程度上反映了科技的进步水平。一定意义上而言，互联网超级平台正掌控着决定研究什么、如何研究以及发表什么的权力。在此情况下，数据在财富积累和权力分配中的地位越发关键，而平台作为数据运用的最佳抓手，有时可以轻松具备某些行政地位上的有利因素，若其被不当利用，会提高反垄断监管的难度，给平台垄断监管带来巨大挑战。

三、现实问题：相关市场和滥用市场支配地位边界厘定

在厘清平台滥用市场支配地位的内因与外因，分析平台垄断具有的隐蔽性与强制性等现实规制挑战后，如何界定相关市场及滥用市场支配地位的行为则尤为重要，这是破解平台垄断的关键所在。平台垄断中的相关市场界定不同于传统竞争，其因为平台自身具有的特性时常处于不确定的变化状态，但其界定又具有必要性。平台垄断语境中的相关市场及滥用市场支配地位的边界厘定，须以破解实践中出现的认定困境为要。

（一）相关市场界定的现实之困及边界确定

现实之困。界定相关市场是所有反垄断执法活动的逻辑起点，《规定》第5条指出，相关市场是指经营者在一定时期内就特定商品或者服务进行竞争的商品范围和地域范围，包括相关商品市场和相关地域市场。数字平台因其本身具有的多边市场特性，服务于使用平台的所有经营者和消费者，加之平台内商品、服务具有复杂性，如何界定平台垄断中的竞争者与竞争关系确有难度。一般理论认为，相关市场界定是一个相对静态的过程。但是，数字平台具有交叉网络外部性与锁定效应，实际转换成本较高，其参与竞争的方式较为多元。因平台竞争态势多变，平台垄断行为常处于动态变化之中，致使相关市场的边界较为模糊。且平台市场很难被单独界定，不同平台有不同特性，即使进行了细致化归纳与分类，也难以抽象出具有共通性的相关市场界定规则，譬如，电商平台、即时通讯平台、搜索引擎平台等参与竞争的相关市场边界厘定显有不同。同时，数字平台本

身就是一个多边市场，从单边市场到多边市场的变革影响了平台竞争要素，其具有显著的跨边网络效应，市场边界日益模糊。是故，数字平台参与竞争的相关市场很难判断商品（地域）的可替代程度，需求替代分析的判断方法时常失灵。但相关市场界定是反垄断的前提性事项，确定相关市场是分析市场支配地位和损害后果的大前提，若不再界定相关市场，会动摇反垄断法理基础，让良性竞争主体权益受损，而使真正实施了垄断行为的强势经营者有机可乘，相关市场的模糊界定不利于公平竞争秩序的维护。

边界确定。界定相关市场的价值实际上在于厘清市场竞争的边界。为实现科学监管的目的，国务院反垄断委员会发布的《指南》经过修订后，改变征求意见稿中对于相关市场界定的模糊性考量，仍然肯认了相关市场界定的必要性。一般而言，市场越大，构成垄断行为的可能性越小；市场越小，构成垄断行为的可能性越大。无论学界如何争议，不论是在普通市场竞争中，还是在数字平台竞争中，实践中仍是以替代性分析或假定垄断者测试作为厘清市场边界的主要方法。《指南》也指出，相关市场界定应以需求替代为主，供给替代为辅。数字平台具有独特的用户黏性，较之普通市场竞争主体，其在市场中的可替代性更低。且这种对于用户的黏性反而会因为更多用户进入市场而越发增强，从而阻碍后发竞争者参与竞争，产生更高的市场准入壁垒。

应当认识到，分析平台的需求可替代性是界定相关市场最为重要的标准，数据的来源、质量、功能、价格、规模等要素仍然重要。平台的需求可替代性分析应充分认识以下四点：其一，参与平台间竞争的产品应具有合理的可预测性，由于平台作为新兴经济体有强大的外部性，必须赋予相关市场合理的可预见边界，以免快速的技术变革影响需求分析。其二，在平台竞争中，供给替代分析方法仅作为需求替代分析方法的补充。《指南》实质上也采纳了这一立场，因为分析供给的可替代性易使得分析结果偏离市场真实情况，平台经济竞争中应受到实质约束的参数来自需求方，强调供给方的分析可能会适得其反。其三，互联网平台的需求替代分析须引进一些新型的要素，例如商品获取难易程度、平台产业链的完整性、用户注意力、平台生态的可持续性等。同时，可以考虑使用一些新型认定思路，例如，借助大数据分析工具，判断产品在不同周期下的消费者转向情况。[①] 其四，平台有双边性的特征，到底是选取一边为基础界定相关市场还是综合考量两边的影响进行界定，国际做法和国内做法有冲突，我国大多采取前一种标准。有论者认为，应根据平台两边之间是否具有交易性，将双边市场分为交易型双边市场和非交易型双边市场。交易型双边市场是指平台的两边用户之间存在交易，非交易型双边市场则指平台两边用户不存在交易行为。[②] 对于交易型双边市场，需要界定一个相关商品市场；而对于非交易型双边市场，则需要界定多个相关商品市场。[③]

《规定》第5条第4款明确，界定平台经济领域相关商品市场，可以根据平台一边的商品界定相关商品市场，也可以根据平台所涉及的多边商品，将平台整体界定为一个相关商品市场，或者分别界定多个相关商品市场，并考虑各相关商品市场之间的相互关系和影响。笔者认为，这种依据是否有实质性交易行为界定相关市场的路径值得赞同，这一规则较为完善地梳理了平台市场的特性。平台本身设置的双边市场特性，决定了其同时服务于经营者和消费者，故应综合考虑各边用户之间的内在关联，若存在交易型双边市场，双方直接发生交易，其实只存在一个竞争市场，则只需界定该相关市场即可。而若平台两边用户不存在交易关系，则应当从经营者、消费者双方视角进行需求替代分析。原因在于，相互独立地界定相关市场，实质上能较好地分置出经营者和消费者市场的不同要素，让竞争者处在一个更合理的竞争生态中。作为供给者所处的场域，平台与消费者市场并不相同，参与竞争的群体也不同，实质上对市场竞争施加的影响力亦应不同，故在双边用户不存在交易关系时，应个案厘定不同类型平台的相关市场。

---

① 参见陈兵：《平台经济领域相关市场界定方法审视——以〈国务院反垄断委员会关于平台经济领域的反垄断指南〉第4条为中心的解读》，载《法治研究》2021年第2期。

② 参见宁立志、王少南：《双边市场条件下相关市场界定的困境和出路》，载《政法论丛》2016年第6期。

③ 参见朱志峰、夏迪旸：《超级平台利用数据优势滥用市场支配地位行为的监管完善》，载《商业经济与管理》2023年第10期。

（二）市场支配地位的认定之困与认定之道

1. 认定之困

《规定》第6条第1款明确，市场支配地位是指经营者在相关市场内具有能够控制商品价格、数量或者其他交易条件，或者能够阻碍、影响其他经营者进入相关市场能力的市场地位。然而，数字平台掌握先进技术手段，可直接凭借与时俱进的算法技术，逃避执法监管。考虑到信息技术快速更新迭代，判断平台行为是否滥用市场支配地位并不容易。这种数据带来的优势地位可能诱发直接排斥效应、供给挤压效应和市场封锁效应等竞争损害，并迟滞创新要素流通。[①] 滥用市场支配地位在平台垄断语境下适用的最大困境就是现行《反垄断法》难以涵摄所有滥用行为，界定市场份额时除考虑销售金额外，尚需衡量其他指标，且市场中的份额流动性太大，稳定的市场地位不易保持。然而，网络平台基于特殊的组织结构和市场形式，在数据和流量大量累积形成头部效应时，其市场份额又保持了相当的稳定性，这就导致平台是否形成支配地位不易判断，更无法直接判断平台是否滥用了这种支配地位。故对平台是否享有支配地位进行判断，还需结合其他要素加以分析。

2. 认定之道

判断一个企业是否具备市场支配地位，传统上最重要的方法还是结构主义的分析方法，这也是最为经典的分析方法。但是，结构主义的分析方法主要从市场份额确定平台是否占据支配地位，这一认定路径对于传统竞争尚存在龃龉，对于数字平台支配地位的认定则更加矛盾。现今市场中的数字平台，基本已经占据了极高的市场份额，真正能有效参与到市场竞争中的平台份额都十分可观，若仅从市场份额确定平台占据支配地位存在不完善之处，故而应当适度弱化市场份额对于支配地位认定的影响，而融入其他标准进行辅助认定，例如将免费端活跃用户数量作为重要考虑指标。[②] 笔者认为，认定平台占据市场支配地位需从以下两方

---

① 参见袁嘉：《滥用数据优势行为的竞争法规制》，载《政法论丛》2024年第2期。

② 参见赖丽华：《数字平台滥用市场支配地位反垄断法律规制》，载《江西师范大学学报（哲学社会科学版）》2022年第5期。

面出发。

一方面，适当弱化列举情形适用，合理适用市场份额推定。厘定市场份额是最直接明了的确定平台是否占据市场支配地位的方法，因为多数情形下，市场份额与市场支配地位具有正相关关系。然而，市场份额不是一个确定性的概念，不同的评价指标会带来不同的评价结论。《指南》也指出，判断市场份额除销售金额外，还可结合诸如销售量、用户数、点击量等与平台竞争相关的衡量因素，实际上较为详细地考虑到了平台垄断的诸多新形式。然而，普通平台竞争者的市场份额并不稳定，只有大量流量累积甚至形成寡头后，市场份额才可能逐渐趋于稳定。在价格中心主义要求下，当经营者市场份额较高且竞争者市场份额相对处于劣势之时，推定市场份额似乎更为合理。其中，用户数量应被视作平台市场竞争的关键因素，既然算法已经发展到较高水平，推定市场份额应着重关注用户数量，该数量衡量标准应具有相对稳定性，其量化而得的指标是平台是否占据控制地位最直接的表征。

另一方面，增加平台相对优势地位的认定。由于平台竞争常处于价格判断机制失灵的状态，市场份额认定模式在趋向于零的价格边界中有其局限性，在支配地位认定中有弱化趋势。有论者指出，不能高估市场份额对于判定市场支配地位的作用，应当更侧重考量有助于判断当事人市场力量的具体事实和直接证据。①滥用相对优势地位规制条款至今仍未纳入竞争法规范及相关监管法，然而必须对该行为已造成或极有可能造成的后果加以判断，以克制平台为实现利益而进行的不正当竞争。学界一直以来对哪些因素可以作为判断市场支配地位的标准有所讨论，但随着《指南》的出台而相对减少。《指南》作了兜底性的规定，即可以按照平台经济特点确定其他影响支配地位的因素。互联网平台因其固有特性而在某些方面具有优势，比如用户黏性、数据流量等，这些因素很难有明确标准。而在数据延展能力极大提升、数据可迁移性跃迁的前提下，为保障消费者合法权益，促进社会福利水平提高，须坚持在个案认定的前提下，考虑采取相对优势的认定标准，加大数据流量、受众群体在相对优势地位中的界定比例，这构成了“禁止

① 参见宋建宝：《数字平台市场领域禁止滥用市场支配地位制度适用问题研究》，载《法律适用》2024 年第 6 期。

滥用市场支配地位的扩展与有效补充”①。同时，宜佐以商品交换情况、供需情况等要素，以防止出现平台经营者利用关联竞争力，排除邻近市场竞争的情形。这种对于关联市场传导的影响力、控制力应当成为相对优势地位的认定标准之一。《规定》第 12 条指出，平台经营者市场支配地位的判断，可以综合考虑相关行业竞争特点、经营模式、交易金额、交易数量、用户数量、网络效应、锁定效应、技术特性、市场创新、控制流量的能力、掌握和处理相关数据的能力及经营者在关联市场的市场力量等因素。此外，由于平台垄断事关者众，反垄断执法机构对于市场支配地位的认定，应尽量结合《反垄断法》和《指南》规定的认定标准，综合判断平台市场的支配地位，以提供扎实的理论支撑。

（三）平台滥用市场支配地位行为的类型化

滥用市场支配地位的行为，按传统惯例可分为剥削性滥用和妨碍性滥用两种类型。具体来看，前者是指平台施加不合理交易条件，使其他竞争主体丧失了进入市场参与竞争的机会，对它的判断强调交易主体地位的认定及损害的识别；后者是指平台已经占据支配地位，但仍然排挤现有及潜在竞争对手，以一定手段和方式妨碍其他主体参与市场竞争，对它的判断应聚焦于考察平台之于横向竞争对手的市场封锁效果。笔者认为，应当将剥削性滥用和妨碍性滥用适度结合，而后针对不同规制对象开展独立考察，以更有效地建立市场支配地位的认定方法。实践中，平台滥用市场支配地位排除限制竞争行为可归纳为以下七类。

1. 自我优待

率先进入市场的数字平台掌握了先发优势，大多能控制数据要素在平台内外的流通，进而独享数据带来的价值。诸如京东等电子商务平台允许第三方卖家入驻，但同时又提供自营服务，这就导致此类平台兼具市场模式和卖家模式，可能会实质性偏袒自营产品，扭曲竞争环境。这可能导致大型平台垄断关键数据，不仅阻碍其他平台进入市场，也给制定规则的平台本身带来了优惠条件，使其可以在诸多方面设置有利于自己的指标和命令，实质上脱离了中立的角色，在竞争初

---

① 参见刺森：《互联网平台滥用相对优势地位的规制理论与制度构成》，载《环球法律评论》2023 年第 1 期。

始环节就人为性地抢占了竞争优势地位。超级平台掌握数据优势后，可利用数据为自身业务提供便利，既可以为自己设置不合理的优待条款，也可以在优待部分经营主体的情形下不当限制平台内其他经营者参与经营活动，实际上利用算法软规则获得了更强的市场竞争力。

2. 大数据杀熟

大数据杀熟行为本质上属于差别待遇，是最典型也是最常见的市场垄断行为之一，这种行为虽然不是平台垄断领域所独有的，但在平台竞争中频发且难以回避。平台经营者根据算法推测不同用户的交易习惯，进而实行差异性交易价格或者附加其他交易条件，让经常使用平台的经营者和消费者因对于平台的长期使用而遭受不公平对待，其本质上是以平台用户的信赖为代价谋取不正当利益，既侵害了平台内经营者和消费者享有的订约权利，也让他们的信赖利益遭受侵害，是对财产和人格的双重侵害。差别待遇在经济学上对应的专业术语即价格歧视，而大数据杀熟则可视作第三类价格歧视的一个特殊应用。数字平台在竞争中用高价“砍”熟客，以低价“引”生客，以客户群体的敏感性和使用率等数据作为设置不当交易条件的筹码，实则采取了非常恶劣的竞争手段，也构成对于个人信息的侵害，可能导致用户使用成本的不当提高，降低经营效率。

3. 平台“二选一”

阿里巴巴和美团等大型数字平台受到反垄断制裁的主要原因就是实施了“二选一”的竞争策略。所谓“二选一”，就是平台要求平台内经营者和消费者在竞争性平台间择一选用，或经营者只能在本平台经营，或消费者只能用限定平台进行交易和偿付。数字平台预先设定的“二选一”条款本质上是限定交易的一种形式，不论是美团和饿了么还是阿里巴巴和京东，都要求平台内商户在两者之中进行“二选一”，且通过多种奖惩措施保障“二选一”的实施，对平台经营者正常经营造成严重的不利影响，令其丧失了公平竞争的渠道，同时也对消费者购买商品或服务造成了极大不便。这种具有排他性的市场准入规则严重阻碍了公平竞争秩序的建构，使市场出现了“竞争瓶颈”。

4. 无序并购

一般认为，并购尚不具有一定规模的企业，不会产生显著竞争损害，《反垄断法》不应干预。然而，在当下，平台扩张速度过快和明显的跨界经营倾向导致本身就具有支配地位的平台企业多企图通过并购（甚至是敌意收购）巩固其市场地位。除横向并购外，平台正逐步探索纵向扩张，通过产业链的纵向合并与延伸，排斥下游企业参与竞争，使多数市场竞争中的中小主体丧失了竞争能力和竞争动力，共享式经济发展目标难以实现。

5. 掠夺性定价和交叉价格补贴

掠夺性定价是指具有市场支配地位的平台以低于成本价格销售产品或服务，排挤其他平台企业，产生不当竞争效果。但这种垄断行为不能仅以价格作为唯一衡量指标。考虑到平台趋向于零的边际成本和在大量交易中形成的网络锁定效应，应综合考虑平台运营成本和消费者利益，确定是否实际上构成排除限制竞争的行为。交叉价格补贴是指在双边或多边平台中，用户仅支付成本定价（有时甚至免费），平台用从广告商处获得的正价格收益也即高价所得补贴零价格交易方的损失。也即平台可以有选择性地以优惠价格出售产品，而后从可盈利的产品中再任意进行补偿。这两者在形式上可能构成《指南》规定的“不公平价格行为”或“低于成本销售”，其实质上都是占据市场支配地位后实施的垄断行为，意在以不合理的价格排挤其他竞争者。

6. 链接封禁

链接封禁实质上系拒绝交易的表现形式，主要是指互联网平台拒绝在其平台上分享可能处于竞争对手位置的另一家平台企业的用户链接。当然，链接封禁究竟是否属于交易行为值得探讨。笔者认为，链接为交易提供可能，实则也是要约邀请的一种表现，本质上是促进交易行为的一种手段，有达成交易获得盈利的可能性，在认定时可作合理的扩张解释，将之界定为交易行为。在市场竞争确实存在的情形下，为兼顾平台竞争者利益，平台应允许来自其他平台的链接加入，但其他平台应支付相应对价。无论如何，平台也不应对其他平台的链接予以封禁，而是可以通过转换到其他平台的提示对本平台的权益予以保障，但用户拒绝转换的，也应当尊重用户的选择。

7. 捆绑销售

捆绑销售应当属于《指南》中规定的“搭售”或者“附加不合理交易条件”。传统搭售行为需要证明存在两个及以上的独立产品或者服务市场，而平台经济中的搭售行为则更为广泛，大量搭售行为作为平台无序扩张或跨界竞争的工具，已经严重侵蚀了其他竞争者的竞争地位，损害了公平竞争生态，例如，一些具有交易性质的电子商务平台在销售产品时指定快递平台等。平台竞争领域的搭售，由于平台具有交叉网络外部性和经营过程中的低成本优势，以造成的不利竞争损害作为判断是否属于滥用市场支配地位行为的依据更为合理。当然，单纯的搭售行为并不必然会产生排除、限制竞争的效果，捆绑销售也可能是数字时代的现实发展需要。捆绑销售行为一定程度上也为消费者提供了较为适宜的消费环境，提高了交易效率，对于其是否构成滥用市场支配地位行为的判断应当非常谨慎。一般应从对创新竞争者的直接排挤效果、抑制竞争对手的创新动机和消费者失去对创新产品的选择三方面认定搭售行为有无实质损害竞争效果。①

四、平台滥用市场支配地位的规制：理念与路径

前文关于相关市场界定及滥用市场支配地位行为的讨论，皆服务于有效规制平台滥用市场支配地位的目标。这一目标的实现既要立足于平台及其在市场竞争中呈现的特性，又要考虑相关市场和支配地位界定的复杂性。故而，应从规制过程中须秉持的具有共生性的基本理念出发，对平台滥用市场支配地位的垄断行为规制路径予以探析。

（一）平台滥用市场支配地位的规制理念

1. 重视《反垄断法》的政治站位与政治效用

《反垄断法》具有很强的政治目的，可以说，反垄断的目标是以政策的宏观方式管控经济力量，是政府对市场的合理调节。有论者指出，《反垄断法》肩负着维护政治民主的使命，数字平台通过各种方式获得了广泛的政治权力，而技术性反垄断忽视了《反垄断法》的政治性基因。② 由此可见，平台反垄断事关国家安全、经济发展与人民日常生活，本质上应当体现政治性基因。反垄断目标宏

① 参见方翔：《数字平台滥用市场支配地位行为的创新损害分析——基于国内外典型案例的比较研究》，载《苏州大学学报（法学版）》2023 年第 2 期。

② 参见宁立志、龚涛：《数字经济背景下反垄断法的时代使命》，载《武汉大学学报（哲学社会科学版）》2024 年第 5 期。

大，在现实目的之外仍存在着极高的价值目标，这也对国家监管提出了更高要求。平台垄断领域也体现出规制政策先行的趋势，前文梳理了近年来国家对于平台经济监管的主要方针政策，由此可知国家对于平台垄断规制的雷霆之势，也表明了反垄断执法要时刻紧跟国家的政治站位，把政策话语转化为反垄断过程中的现实行动。

2. 包容审慎监管的理念应一以贯之

包容审慎一直是我国政府探索监管创新的重要向度。包容是指赋予平台在创新发展中的自由，给予其必要试错空间以鼓励创新。平台经济作为新兴产业，必须给予其必要的调适空间。这既是为了保证平台有序健康发展目标的实现，也是为了弘扬平台经营者的“企业家精神”，并将之作为推动经济增长的根本动力，真正打破固有的经济循环并创造新的经济结构。而数字经济下的《反垄断法》应当兼顾经营者利益和消费者利益，维护好竞争与创新之间的关系。就此而言，即使平台垄断现象越发严重，也切不可因噎废食。在数字经济高速发展、算法技术在数据治理中地位日重的当下，持续鼓励创新才会使我国的平台经济保持稳步发展的态势。审慎是指对于滥用市场支配地位等垄断行为损害竞争的监管要保持适度性和比例性，要把握平台垄断的实质所在，真正实现反垄断执法的中立性。坚决避免从不监管、松监管或过度监管、过严监管，行政机关对于平台垄断行为的监管，要精准出手、准确执法，恪守合目的性、适当性要求，贯彻共建共享共治的理念，保证行政手段劣后于市场选择。

3. 分区分梯度监管，保持谦抑执法

平台作为新兴市场主体，新颖性较为明显，这也使得其具有相当的不稳定性。这种不稳定性既体现在平台本身的运营和发展过程中，也体现在执法机关对于平台的监管上。故而在平台垄断的规制中，反垄断执法机构的执法手段也有不完备之处，这是新兴平台特性决定的，多数时候是客观存在的，不能归咎于行政执法的落后。在这个意义上，监管机构在面对不同主体时，应当辨别不同主体的恶性和垄断行为的现实影响，并据此采用相应的监管方式，充分体现各平台间的差异性。对于不同平台应采取不同梯度的监管力度，对于风险较高的平台可遵循严格监管原则，分梯度执法的核心目的在于保持平台执法手段的合目的性，进而保证促进经济稳定健康发展。同时，反垄断执法机构在规制垄断行为时必须保持适当的执法谦抑理念。平台反垄断既要积极为功，也要适可而止，不能冒进，保持必要、适度、克制和非冒进的执法态度。谦抑规制倡导在遵循市场优先原则的前提下开展规制，强调规制强度、手段应与市场失灵的程度相适应。

4. 着力于事前事中监管，逐步减少事后监管

平台滥用支配地位导致垄断的损害结果复杂，平台是否滥用市场支配地位进行垄断是一个综合判断过程，仅从事后结果倒推平台经营行为是否合理，存在一定的制度漏洞。平台本身作为企业，执法机构及相关部门应当尊重其在从事相关商事活动时的自由裁量权，不应对其决策权进行不合理限制。且从事后角度来看，平台从事的如捆绑销售、链接封禁等行为是否属于滥用市场支配地位的行为，尚待探讨。仅从事后角度追究平台责任，可能会使平台从事的正常经营行为受限。同时，事后监管毕竟有成本风险，且垄断行为已经发生，对市场已经造成了损害，似有“亡羊补牢”之意。执法机构及相关部门应当明确，事前监管是源头性监管，须秉持做好事前监管的理念，事先确定监管体系，制定监管策略，以利于填补监管缺漏。针对数字平台的干预，主要目的是避免损害结果的持续影响，既着眼于当下，又防患于未然，弥补事中事后监管效能的不足，这也是平衡平台联通红利的要求。[①] 应构建适应创新、协调、绿色、开放、共享的新型事前监管工具，优化反垄断系统建构，提高监管行为的可预测性，以维持市场竞争结构的基本稳定。

（二）平台滥用市场支配地位的规制路径

1. 完善与创新规制手段

第一，加强数字化监管。既然数据信息技术能服务于数字平台规避反垄断机构的监管，同样地，算法亦能适用于反垄断执法机构监管平台日常的经营行为。执法机构运用监管科技的基础是数据信息，监管科技首先是数据驱动型的监管。数字化监管可以有效解决监管中的信息不对称问题，提高监管信息处理能力和监

---

① 参见赵精武、孙小雨：《反垄断法视角下“互联互通”的实施原则与规范表达》，载《西安交通大学学报（社会科学版）》2024 年第 4 期。

管行为稳定性。[①] 进而及时跟踪平台不当的经营行为，分析其行为的现实与潜在风险，强化对垄断行为的识别能力与预警能力，监控网络平台发展动向。执法机构若能建设大数据监管平台，由监管机构掌握数据资源，不仅能最大限度地保障数据安全，而且便于降低平台垄断所引发的新型风险，实现平台监管手段的数字化革新。

第二，引入社会监管。数字平台治理体系庞杂，涉及主体众多，且这些主体在平台监管中大多是有利益相关性的主体。故而，数字平台有效的反垄断监管，实质就是各利益相关方强有力的合作共治。[②] 首先，用户和平台逐渐成为共生系统，用户拥有治理平台的动机和可能，平台企图通过垄断方式进行发展的目标是招徕用户，而不是单纯的抢占市场，占据市场就是为了匹配更多的用户资源，用户是规制平台发展的有力主体。其次，行业监管至关重要。反垄断执法机构精力与能力有限，故应最大程度调动同行业机构投入反垄断监管之中，由行业协会积极参与制定行业标准，拓展行业规划，提升行业竞争力和社会认可度。最后，善用媒体治理。新兴媒体是数字技术发展的产物，自媒体超越了传统纸质媒体成为监管的首发力量。网络媒体时刻掌握平台经济发展动向，可作为平台治理重要抓手，服务于公共数据和信息的运营，成为平台治理的新风向标。总之，有必要加强反垄断执法部门、数据保护机构与消费者保护机构之间的联系，形成监管合力。

第三，加强平台合规监管。合规简言之就是企业自我管理、自我约束的一种治理生态。合规要求既是一种制度和规范，更是一种企业文化样态，可有效增强市场主体对法律的信任感和对自我行为的自控力。[③] 平台垄断的源头在于平台滥用市场支配地位，平台治理的最好手段就是源头治理，即平台在法律法规和公司章程规定的范围内采取自律性监管。平台企业的合规部门应当监管平台运营流程是否存在垄断行为，并履行相应的信息披露义务，而接受披露的经营者、消费者和其他社会公众便由此享有相应的社会监督权。可以说，平台企业自我管理，是

---

① 参见孙晋、张松：《反垄断监管数字化转型的意涵及其法律实现》，载《科技与法律》2024 年第 6 期。

② 参见孙晋：《数字平台的反垄断监管》，载《中国社会科学》2021 年第 5 期。

③ 参见赵万一：《合规制度的公司法设计及其实现路径》，载《中国法学》2020 年第 2 期。

从源头消除平台垄断的方法。对此，《反垄断法》《公司法》等规范应对平台合规监管有所因应，尽量激发企业自行推进反垄断的信心，并由此构建相应的评估与激励机制。各省市出台了相关的反垄断合规指引，指导反垄断合规建设。① 简言之，最好的反垄断监管手段不是监管者强行性介入，而是平台自救。

2. 规制立法及时跟进

第一，立法应明确相关市场概念以及滥用市场支配地位的情形。尽管反垄断执法应秉持谦抑原则，但仅依靠市场手段无法解决所有问题，故法律规制应以个案的具体分析为原则，厘定平台垄断语境下的相关市场及具体的滥用市场支配地位行为。目前看来，立法中对于平台经济领域反垄断的相关市场和市场支配地位的界定略显宽泛，《指南》中虽业已列举了相关情形，但在《反垄断法》修改时并未进行全面跟进。实践适用中，应当进行相应的精细化理解，并结合近期出现的平台竞争实例在制度上加以完善，最大程度满足反垄断执法机构的执法需求，避免无法可依的情形出现。

第二，加强竞争制度建设，引入竞争对手。对于平台垄断行为的监管必须由反垄断执法机构通过制度性建设，帮助其他竞争者拆除先进入市场的数字平台设置的市场准入壁垒。先进入市场的平台因其具有的先发性优势地位，会惯常性地阻断后进入平台的经营者竞争利益，直接在市场准入阶段设置壁垒，减少竞争参与者的数量。故而，反垄断执法机构在执法过程中应当对平台特殊的网络锁定效应展开监管，并为新进竞争者提供相应的制度保障，使竞争者有公平触及上游资源的机会。借此，将平台竞争的焦点从利用资本优势和先发优势控制市场，回归到提升用户体验的理性轨道上，为现存企业创造公平的竞争环境。

第三，立法赋予平台救济性权利。数字平台作为执法相对人，应当享有为自身不应遭受的处罚进行抗辩的权利。具言之，要保证平台在相关市场界定时拥有陈述的权利，也要为它们推翻行政处罚提供必要救济，保证行政、司法环节的匹配性和衔接性。同时，《反垄断法》规定了“正当理由”抗辩的违法阻却可能，

① 例如，《北京市反垄断合规指引》提出，有效的反垄断合规管理制度包括：管理层自上而下的合规支持、健全的合规管理机构、个性化的风险识别和评估机制、多样化的风险控制机制和全面的合规保障机制。鼓励特定领域的经营者就影响较大、具有一定不确定性的新型通用性技术应用建立专门的全流程反垄断合规管理制度。

具体抗辩理由应从效率、公平、创新、客观必要和社会公共利益五个正当性维度展开。[①] 此外，还可以规定一些特殊的违法阻却事由，如涉及国家秘密、商业秘密、社会公共利益等，同时，还可规定在一定情况下或一定时间段内排除、限制其他竞争者进入市场或者规定特殊使用竞争方法的某些情形。此时，若平台经营者能证明其行为具有合理性，便可免予处罚，以合理保障平台权益。

3. 提升执法机构工作能力

第一，提升政府治理能力，夯实反垄断执法基础。行政机构的权力不能被垄断平台所侵蚀，执法机构必须保持足够警惕，确保市场可进入性、可竞争性和保护消费者利益。实质性提升政府机构执行能力，只有当执法机构具备足够权威时，针对数字平台的反垄断执法才能行稳致远。应厘清中央和地方执法机构的职能与职权划分，明确案件管辖优先性，重视反垄断执法区际协调，以控制反垄断活动的执法成本。此外，行政执法方法创新也很重要，例如，在美团案中，国家市场监管总局针对美团“二选一”等滥用市场支配地位的垄断行为下达的行政指导书是一种合比例、合目的的具体行政行为，这种较为新颖的执法辅助方式，引入了柔性指导机制，在执法过程中可以被广泛推广使用。

第二，加强反垄断执法队伍建设。现阶段平台垄断监管难的重要原因，就是反垄断执法人员难以适应平台、数据信息、算法等新兴事物的蓬勃发展。可以说，对于平台垄断的监管刚刚起步，执法经验仍在累积过程中，而反垄断执法机构相关人员因缺乏平台垄断的执法经验，在执法过程中被屡屡掣肘。由此，应当完善反垄断执法机构的执法队伍建设，例如，在人员准入方面，应提高工作人员准入门槛，培养具有专业性、针对性的执法人才；又如，在现有人员培养方面，应完善平台垄断知识的前端输入，并进行相应的知识考核，同时，推进反垄断执法机构跨地域交流以及典型案例跟踪宣传与学习。当然，也可以在保证执法质量的前提下，适当增加具有专业性的执法人员数量，以应对新经济发展形势之下错综复杂的垄断案件。

---

① 参见李扬、袁振宗：《数字经济背景下互联网平台滥用市场支配地位行为的认定》，载《知识产权》2023 年第 4 期。

五、结语

反垄断是市场经济的内在要求和各国的普遍做法，强化对市场交易的反垄断监管成为全球范围内的发展趋势。平台垄断作为数据信息时代萌生的新型垄断样态，近年来受到国家高度关注，但市场的优先性和监管的滞后性使得平台垄断乱象未能根治，市场失灵一定程度存在。故而，在将平台竞争等相关前提性概念一以贯之的前提下，厘清相关市场及滥用市场支配地位等诸多边界之后，应着力推进反垄断规制，完善与创新规制手段，保证规制立法及时跟进，提升执法机构工作能力，坚持多管齐下、多元共治的路径，营造一个风清气正的营商环境和竞争生态，最终助益于经济高质量发展。

前沿专论
qian yan zhuan lun

无意思联络的数人生态环境侵权行为的认定规则

曹　凡*

摘要：《民法典》增加了绿色原则，并对“环境污染和生态破坏责任”章节进行了修改，这标志着法学界对生态环境侵权问题的高度重视。其中，无意思联络的数人生态环境侵权是生态环境侵权中的重点与难点问题。本文从厘清该类侵权责任的概念着手，明确其具备责任主体复合性、因果关系多样性、污染行为关联性的特征，重点探讨其构成要件，分别剖析同一损害、无意思联络、污染行为违法性、因果关系的具体认定标准。希望本文的研究能够明确无意思联络的数人生态环境侵权的基本法学问题，落实绿色中国建设理念，促进生态环境法治建设的发展。

关键词：生态环境侵权　无意思联络　数人侵权责任　分别实施　同一损害

无意思联络的数人生态环境侵权，是多数人生态环境侵权中的重要类型之一，在实践中亦属常见。无意思联络的数人生态环境侵权在因果关系上呈现出“多因一果”的形态，而且数个污染行为在现实的排列组合中更展现出纷繁复杂

* 中国人民大学法学院博士后流动站研究人员。

的形态，这些都使得无意思联络的数人生态环境侵权成为一种独特的侵权类型，在行为认定上较为复杂。由此可见，在生态环境保护的重要性日益凸显的背景之下，如何在充分把握无意思联络的数人生态环境侵权的概念与特征的基础之上，从盘根错节的各种因素中提炼出关系行为认定的具体规则，就显得十分重要且必要。

一、无意思联络的数人生态环境侵权的概念

正确理解概念是深入研究相关问题的基本前提，在此，本文率先对无意思联络的数人生态环境侵权的概念进行阐述，以为下文的论证指明方向。鉴于无意思联络的数人生态环境侵权属生态环境侵权的一种类型，故本文首先从生态环境侵权的概念入手，并结合具体规定，明晰无意思联络的数人生态环境侵权的基本含义。

（一）生态环境侵权概念之确定

“生态环境侵权”的概念起源于“环境侵权”。《宪法》第 26 条早已使用“环境”这一术语，明确提出环境保护基本原则。随后，我国通过单行立法《环境保护法》第 2 条进一步对“环境”一词作出详细定义，将环境划分为自然环境和人工环境两大类，该规定实质上是对《宪法》规定的细化，两者内容高度吻合。但至于何为环境侵权，学说理论亦莫衷一是。围绕环境侵权的界定，有学者赞同环境污染和生态破坏行为二元论，① 而有学者坚持环境污染行为一元论。② 从法律法规的规定来看，根据 2010 年施行的《侵权责任法》，环境侵权只包括污染环境一种情形。③ 2015 年施行的《最高人民法院关于审理环境侵权责任纠纷案件适用法律若干问题的解释》（以下简称《环境侵权司法解释》）对《侵权责任

---

① 参见杨立新：《民法分则侵权责任编修订的主要问题及对策》，载《现代法学》2017 年第 1 期；张新宝、汪榆淼：《污染环境与破坏生态侵权责任的再法典化思考》，载《比较法研究》2016 年第 5 期。

② 参见竺效：《论环境侵权原因行为的立法拓展》，载《中国法学》2015 年第 2 期。

③ 参见《侵权责任法》第 65 条至第 68 条的规定。

法》中环境侵权问题作出具体解释，也采取了污染环境一元论说。[①] 但是，从2014年修订的《环境保护法》[②] 和2015年施行的《最高人民法院关于审理环境民事公益诉讼案件适用法律若干问题的解释》[③] 的规定来看，立法者认为，环境侵权包含环境污染和生态破坏两种原因行为。自2021年起，《民法典》正式施行，该法明确规定了污染环境与破坏生态两种原因行为，[④]《侵权责任法》被废止。相应地，最高人民法院于2023年公布施行了《最高人民法院关于审理生态环境侵权责任纠纷案件适用法律若干问题的解释》（以下简称《生态环境侵权司法解释》），也涵盖了污染环境与破坏生态两种情形，[⑤] 并废止了此前的《环境侵权司法解释》。立法机关在《民法典》侵权责任编中增加“生态破坏责任”，是对《环境保护法》第64条内容的呼应，体现了民法与环境法的协同发展。[⑥] 至此，《民法典》终结了环境侵权概念的一元论与二元论之争，并将其称为“生态环境侵权”，生态环境侵权的原因行为在现行法规定上已经统一。因此，笔者认为，生态环境侵权是指因人为活动导致环境污染、生态破坏，继而引发他人人身或者财产损害的一种特殊侵权行为。较一般侵权而言，生态环境侵权特性有以下两点。

第一，污染行为的结合性。在同一环境单元内，存在诸多的排污行为，而且排污行为所产生的污染物在生态环境中通常具有扩散性，污染物的不断扩散易导致污染物之间的融合，进而造成损害的发生、重叠与扩大。质言之，在生态环境侵权中，不同的排污行为之间很容易相互结合而发生作用，产生客观上的联系。由此，也就会使得同一损害结果可能存在多个侵权人。

第二，损害结果的潜伏性。在生态环境侵权中，损害结果的显现往往需要历

---

① 参见《环境侵权司法解释》第1条的规定。

② 参见《环境保护法》第64条的规定。

③ 参见《最高人民法院关于审理环境民事公益诉讼案件适用法律若干问题的解释》第1条的规定。

④ 参见《民法典》第1229条至第1233条的规定。

⑤ 参见《最高人民法院关于审理环境民事公益诉讼案件适用法律若干问题的解释》第1条的规定。

⑥ 参见张式军、田亦尧：《后民法典时代民法与环境法的协调与发展》，载《山东大学学报（哲学社会科学版）》2021年第1期。

经较长时间，超出环境自净能力的污染物往往不会立即引发损害结果，其通常需要在不断积累之后通过环境介质危及生命体生存安全。损害结果的潜伏性使得环境污染损害具有持续性的特征，损害持续的时间往往较长。损害结果的潜伏性决定了污染行为可能不会立即引发与之相应的损害结果，二者之间往往存有时间差，而这无疑为污染物之间的融合与其他因素的介入创造了条件。

（二）无意思联络的数人生态环境侵权之界定

污染行为的结合性与损害结果的潜伏性，使得在生态环境侵权中，数人侵权尤其是无意思联络的数人生态环境侵权造成环境污染的现象较为普遍。无意思联络的数人生态环境侵权则是数人生态环境侵权的子类型之一。除此之外，另一重要的子类型则为环境共同侵权。就属性而言，环境共同侵权属于共同侵权范畴，适用《民法典》第1168条关于共同侵权的规定；而无意思联络的数人生态环境侵权则适用《民法典》第1171条、第1172条和第1231条的规定。依据上述规定，在实定法的界定中，无意思联络的数人生态环境侵权存有以下两个要素：分别实施与同一损害。分别实施即具体的生态环境侵权行为之间不存有主观上的意思联络，同一损害后果的发生是因数个侵权人之间偶然地结合所致。关于主观上的意思联络，理论界尚不存在统一认识，存有故意说和过错说两种观点。[①] 故意说认为，分别实施是指实施生态环境侵权的数人之间并无意思联络，即没有主观上的共同故意；过错说认为，所谓无意思联络不仅体现在无主观上的共同故意，还包括无主观上的共同过失。简言之，故意说与过错说的差别在于共同过失是否属于“意思联络”，前者持否定态度，而后者则持肯定态度。

就本文而言，分别实施一词应从侵权人主观过错方面进行理解，不应作狭隘解释，其内涵须扩张至侵权行为人间共同的心理状态，共同故意、共同过失皆可。共同故意的心理状态不仅包括预先共谋、分工合作，而且包括无通谋时有意识地利用他人行为。共同过失主要是强调侵权人出于相同或者相似的过失心态违

① 参见江苏高院环境资源裁判规则研究课题组、刘尚雷、吴铁城：《论全链条追究生态破坏共同侵权责任规则的构建与适用——以“特大非法捕捞长江鳗鱼苗公益诉讼案”为切入点》，载《法律适用》2022年第11期。

反共同注意义务，而共同注意义务的来源不限于共同危险活动。至于同一损害，应当从因果关系的角度进行阐释。所谓同一损害，强调的是全部损害结果是由数个侵权人的污染行为相互结合而导致的。换言之，数个污染行为整体上是引发损害发生的最终原因。

因此，根据生态环境侵权与上述两个要素的具体含义，笔者认为，无意思联络的数人侵权行为是指二人以上的侵权行为人之间主观上无共同过错，而分别实施生态环境侵权行为，客观上造成合法权益受损的不法行为。

二、无意思联络的数人生态环境侵权的特征

在明确基本内容的基础之上，还应从特征描述的角度对无意思联络的数人生态环境侵权进行具体的描述，以形成更为清晰的概念图景，厘清责任确定过程中可能存在的法律问题。笔者认为，无意思联络的数人生态环境侵权具有责任主体的复合性、因果关系的多样性和侵权行为的关联性三大特征。

（一）责任主体的复合性

责任主体的复合性是指，无意思联络的数人生态环境侵权主体数量为两个或两个以上。生态环境侵权主体人数若少于两人，将直接构成单独侵权行为，此时自然不会存在谈论有无意思联络的必要，因意思联络只能存在于两个或两个以上的主体之间。对于责任主体的复合性这一特征，笔者认为，可以从以下方面加以理解。

第一，无意思联络的数人生态环境侵权最终责任承担者为两人以上。在无意思联络的数人生态环境侵权中，各侵权人的行为与损害结果间具有因果关系，理应由多主体承担最终责任。明确最终责任的承担规则具有重要价值：其一，有助于实现责任自负的矫正正义。侵权责任实现矫正正义的途径在于从责任自负的立场确定由具体的侵权行为人填补受害人所受损害。在无意思联络的数人生态环境侵权中，通过合理的制度设计，明确各侵权人的最终责任承担规则，可以填补受害人的损害，及时恢复生态环境，并预防环境污染损害再次发生。其二，有利于

落实生态环境侵权责任，防止侵权人逃脱赔偿。无意思联络的各侵权行为人在某些情形下须对外承担连带责任，此时应当就各侵权人的污染行为进行观察，并在此基础之上明确各侵权人的具体责任，从而使生态环境侵权责任最终落实到具体的侵权人身上，强化生态环境侵权责任的法律效果，实现预防和制裁污染行为的基本目的。笔者认为，考虑到可能难以确定各侵权人的过错程度、内容等因素，确定以污染行为原因力为主、可责难性比例为辅这一标准分配最终责任为宜。

第二，侵权人包括自然人和法人。在法律逻辑框架内，生态环境侵权是事实行为，不以行为人的意思表示为核心要素，进而不应要求侵权行为人具有行为能力，因此，自然人皆为生态环境侵权的当然主体。为了保障基本生活，自然人在生活领域内需从环境中获取资源并加以利用，但是其对资源利用后产生的废弃污染物的技术处理能力不足，必然会导致直接或者间接向环境排放污染物。除此之外，法人亦能成为生态环境侵权的行为人。法人在生产经营过程中不可避免地产生污染物，即便其采用最为先进的处理技术，也无法保证污染物的零排放。质言之，法人的生产经营活动常伴随着环境污染的风险，是造成环境污染的最为主要的源头。而法人作为组织体，拥有独立的法律地位，能够独立实施环境污染行为，并以自身独立的财产承担侵权责任。

（二）因果关系的多样性

依发生顺序而言，由原因行为引发损害结果的这一关系被称为因果关系，基本形态为一因一果。因果关系多样性是指因果关系不限于一因一果的基本形态，还包括多因一果、多因多果等其他形态，其通常与侵权行为的具体类型密切关联。

在无意思联络的数人生态环境侵权中，因果关系为多因一果。除了生态环境侵权本身所具有的因果关系的复杂性之外，数个污染行为在环境污染损害最终发生的原因力上亦呈现多样的分布状况。造成这一状况的根源在于：其一，各环境污染行为在法律上无法被评价为同一原因行为。在无意思联络的数人生态环境侵权中，数个污染行为仅在客观上结合，各侵权人在主观上无意思联络。因此，同一损害结果由数个行为所造成。其二，污染行为的结合性与环境污染损害的潜伏性，增加了因果关系的复杂性。实践中，环境污染损害结果往往是因多个环境污染行为相结合而产生的。同时，在环境污染中，污染行为与环境污染损害之间存在着时空距离，并非完全同步，故其间极易介入其他侵权人。上述特征使得在无意思联络的数人生态环境侵权中，不可避免地会出现多因一果的现象。

因果关系多样性可通过不同的因果关系进程表现于外，就无意思联络的数人生态环境侵权而言，我国《生态环境侵权司法解释》第5条、第6条、第7条对《民法典》第1171条和第1172条的规定进行细化，将各侵权行为人的因果关系划分为竞合、共同和累积的因果关系三类。

第一，竞合的因果关系。《生态环境侵权司法解释》第5条规定了无意思联络的数人生态环境侵权之竞合因果关系的情形。具体而言，可从以下两方面进行理解：一是数个侵权人无意思联络，分别实施污染行为；二是各侵权人实施的污染行为对环境污染损害结果的发生均具有百分之百的原因力。例如，在山东尽某食品有限公司（以下简称尽某公司）、山东凤某食品有限公司（以下简称凤某公司）等环境污染责任纠纷案中，二审法院认为，被告尽某公司和被告凤某公司存在向涉案苗木地块的排污行为，且附近无其他污染源，二者的排污行为是造成涉案苗木死亡的直接原因，二被告的行为都足以造成全部损害，应当承担连带赔偿责任。①

第二，共同的因果关系。《生态环境侵权司法解释》第6条规定的是无意思联络的数人生态环境侵权之结合因果关系的情形。在此种情形中，每一侵权人实施的污染行为对环境污染损害结果的发生不具有百分之百的原因力，环境污染损害结果的发生为数个污染行为偶然作用的产物。这一过程又可以分为量的结合和质的结合。每一侵权人排放的污染物在数量上或者性质上都不足以危及人身、财产权益或者不足以造成全部损害结果，但污染物结合达到特定致害量，抑或发生生化反应诱发质变从而引起损害结果。例如，在梁某强与恩平市翔某陶瓷有限公司（以下简称翔某公司）、恩平市景某陶瓷有限公司（以下简称景某公司）等环境污染责任纠纷案中，翔某公司、景某公司等未办理相关批准手续擅自生产陶瓷，并在生产过程中产生大量的粉尘、废气等污染物，造成与厂房相邻的原告林

① 参见山东省潍坊市中级人民法院（2021）鲁07民终6944号民事判决书。

地遭受污染，法院最终认为上述排污行为是导致林地环境污染损害的共同原因。①

第三，累积的因果关系。《生态环境侵权司法解释》第7条规定的是无意思联络的数人生态环境侵权累积的因果关系。在此种情形下，数个污染行为中，有部分侵权人的行为可单独致使全部损害。例如，在同一流域的上游的多家生产企业同时排放污染物，导致下游养殖场水质污染，大量水产品死亡，其中部分企业所排放的污水在数量或浓度上单独即可造成最终全部的损害结果，而部分企业排放的污水的数量和浓度并未达到单独导致全部损害的状况。

（三）污染行为的关联性

污染行为的关联性，系指各侵权人实施的污染行为之间存在客观联系。笔者认为，对污染行为关联性的准确理解应从以下几方面着手。

第一，数个污染行为具有因果关联性。如上所述，多因一果是无意思联络的数人生态环境侵权的重要特征，因此，每一污染行为对损害结果具有特定程度的原因力。当各污染行为有百分之百的原因力时，属于损害结果发生的直接原因。若各污染行为有部分原因力或者不具有任何原因力而在数个污染行为相互结合之后产生全部损害，则为损害结果发生的间接原因。就因果关联性在事实层面的表现而言，各污染行为的结合形态繁多，有学者将其细分为污染物叠加致害的累进效应、污染物反应致害的互补效应、污染物融合致害的相抵效应、污染物单独致害的竞合效应、污染物致害不明的多者择一效应。② 为了有效规范无意思联络的各侵权行为，法律须以事实效应为基础，不断对其进行选择、修正，进而形成法律上的分类，以完善各侵权行为人的责任形态和责任比例理论。

第二，数个污染行为具有时空关联性。时空关联性是指污染行为发生的时间、空间应当具有一定的联系，这是确保各污染行为能够产生相互作用的关键。就具体情形而言，各污染行为在时间上的关联性上可表现为污染同时发生，或者虽然先后发生，但是前一污染行为的危险状态持续到后一污染行为加入；空间上

---

① 参见广东省恩平市人民法院（2015）江恩法民一初字第49号民事判决书。

② 参见黄凯：《论无意思联络数人环境侵权行为的责任分担——以类型化为视角》，载《中国地质大学学报（社会科学版）》2014年第3期。

的关联性表现为，污染行为发生于同一地点，或者虽然发生于不同地点但具有高度结合的可能。依排列组合中的概率原理，各污染行为的时空关联状态可划分为同时同地发生、同时不同地发生、不同时同地发生、不同时不同地发生四类。无意思联络的数人生态环境侵权中，各污染行为的时空关联性对于侵权人范畴的判断具有重要意义，若不对行为发生的时间和空间的关联性进行仔细辨别，很可能会在责任认定之时不当地扩大侵权人的范畴。例如，在河流污染而导致环境污染损害的情形中，应当在充分明晰损害发生的原因的基础之上，确定污染源的合理范围，进而保障侵权人范围的妥当性。

三、无意思联络的数人生态环境侵权的构成要件

（一）污染行为造成“同一损害”后果

有损害，始有救济。损害这一概念在侵权责任上具有举足轻重的作用，其不仅是损害赔偿范围确立的重要依据，更是侵权责任法之第一要件。质言之，损害是开启侵权责任制度运作之基石，在侵权法体系中居于首要地位。因此，在讨论无意思联络的数人生态环境侵权责任之时，必然须以厘清损害为前提。

《民法典》和《生态环境侵权司法解释》均将无意思联络的数人生态环境侵权中的损害界定为“同一损害”。对“同一损害”的正确理解，必须建立在对“损害”和“同一”两个词语的精准解析之上。在无意思联络的数人生态环境侵权责任中，损害的含义包括两个方面：一是对环境的直接损害；二是对人的间接损害。前者为污染行为直接导致生态环境质量的降低，但因环境属公有物，每一个体均可利用，故对环境本身的直接侵害必然会最终体现为对人类环境利益即公共利益的损害；后者则表现为对人的人身和财产的损害，因个体依赖环境而生存和发展，故污染行为可借由环境这一媒介将损害传达至具体个体的人身或财产之上。最初，环境问题引起人们重视的原因是环境污染造成了人们人身和财产利益的直接损失，基于对个体合法权益的保护而强化环境保护责任，而后，人们逐渐认识到环境保护对于维护人类赖以生存与发展的环境的重要意义，故把对公共环

境利益的保护作为生态环境侵权的价值追求之一。

至于如何理解“同一”一词，有观点从损害内容的角度出发，认为同一损害强调受损权益同一和受害人主体同一；[①] 有观点从损害分割的视角分析，提出同一损害是指损害结果不可分，有且只有一个整体意义上的损害结果；[②] 还有观点从因果关系入手，赞同同一损害主旨为各侵权行为人分别实施的行为与损害结果间存在因果关系。[③] 本文支持从因果关系角度分析同一损害的观点，理由如下。

第一，将同一损害限于受害人同一性质的权利受损绝非必要。在无意思联络的数人生态环境侵权下，当各侵权人的行为造成受害人同一权利受损时，不论该损害结果是否可以分割，必然构成同一损害，这一点自不待言。除此之外，还需明确的是，即使污染行为导致受害人多种权利受损，亦可能为同一损害。例如，甲工厂和乙工厂不约而同地在某夜晚向同一河流排放污染废水，造成受害人丙鱼塘中的鱼苗大量死亡，并且造成丙饮用受污染的水中毒。此时，受害人丙的财产权、人身权均遭受损害。此种情形之下，受害人因污染行为所遭受损害的权利在性质上不一，但是并不能据此否认同一损害的存在，因为，此时具体的损害结果仍然是数个无意思联络的污染行为在偶然情形下相互结合而引发的。所以，在上述情形下，数个污染行为所产生的损害仍为同一损害。

第二，一味强调损害结果不可分似有背离法律文义之嫌。损害结果不可分包括事实上不可分和法律上不可分两类，前者强调损害在物理意义上是一个独立存在的难以分割的整体，后者突出污染行为与损害结果间的联系紧密，各污染行为的原因力划分不明，两者并非一一对应。一般而言，事实上不可分的损害结果在法律上亦不可分，事实上可分的损害结果在法律上亦可能不可分。笔者认为，所谓不可分性应理解为法律上不可分性。基于体系化考量，对于《民法典》第1171条、第1172条和《生态环境侵权司法解释》第5条中“同一损害”一词，应作同一理解。按照《生态环境侵权司法解释》第6条的规定，全部损害无法单独由部分污染行为单独引发，则根据《民法典》第1172条明确具体的责任。但

① 参见王胜明主编：《中华人民共和国侵权责任法释义》，法律出版社2013年版，第75页。
② 参见王利明：《侵权责任法（第二版）》，中国人民大学出版社2021年版，第115页。
③ 参见程啸：《侵权责任法》，法律出版社2015年版，第381页。

是，《民法典》第 1172 条区分了损害可分与不可分两种情形下侵权人的责任承担规则。也就是说，在每一侵权人分别实施的污染行为均不足以单独致使全部损害时，不论损害是否可分均用《民法典》第 1172 条关于按份责任的规定。由此可见，数个侵权人分别实施的污染行为所造成的“同一损害”与损害的不可分性不存在必然的关联。

第三，从因果关系角度理解同一损害与生态环境侵权责任归责基础相契合。无意思联络的数人生态环境侵权在归责原则上与生态环境侵权一致，采用无过错责任原则，因此，责任的成立不以过错为要件，仅关注污染行为、损害结果和因果关系三者。其中，因果关系是确定生态环境侵权责任的重要基础。换言之，依据污染行为与损害结果之间的因果关系，即可明确无意思联络的数人生态环境侵权责任的成立和各侵权人的责任承担范围。故而，在因果关系之外，无须强调受害人受损的权利性质同一，或者损害结果不可分。综上所述，笔者认为，无意思联络的数人生态环境侵权的同一损害构成要件的含义可概述为：数个污染行为相互结合导致个体合法权益和环境公共利益所遭受的损害。

（二）侵权人主观上无意思联络

我国在生态环境侵权责任的成立上，采用无过错责任原则，也就是说，在生态环境侵权责任成立的判断上无须考虑侵权人的主观状态。但是，正如前文所述，在无意思联络的数人生态环境侵权中必须判断各侵权人之间是否存在主观上的意思联络，唯有不具意思联络，方构成无意思联络的数人生态环境侵权。反之，则构成环境共同侵权，适用《民法典》和《生态环境侵权司法解释》关于环境共同侵权的规定。除此之外，在数人生态环境侵权中，意思联络是对各侵权人主观状态的描述，应当通过对意思联络基本含义与类型的界定明确其所指范围，从而在此基础之上，明确各侵权人无意思联络的基本范围。意思联络一词作为法律术语早已体现在德国法中，本意是指共同故意，即存在意思上的沟通。后来，在共同侵权行为“共同性”理论不断变迁的过程中，意思联络的内涵逐渐衍生出分歧。当前，法学界有观点仍坚持意思联络的含义限为主观上的共同故意，不能另作扩张解释。[①] 共同故意，是指各侵权行为人存在对损害的共同作用的意识与愿望，不仅单指意思上的联络，还包括教唆与帮助行为。坚持共同故意说的理由为意思联络是法律确定侵权行为人承担连带责任的重要基础，其原理在于意思联络为各侵权行为人确定了一个共同目标，并将各侵权行为人的主观意志融合为一体，使得他们的独自行为相互衔接、彼此配合形成一个具有内在关联性的共同体。

不少学者认为，应当对意思联络进行扩张解释，使其包含共同过失。[②] 所谓共同过失，是指行为人均有过失，对损害有共同的可预见性，因过于自信或疏忽大意而未能避免损害的发生。笔者认为，随着过错判断标准的客观化，在环境共同侵权中，对共同过失的判断只需认定各侵权人在生产生活活动中共同违反相应的注意义务而导致生态环境与生活环境受损即可。生态环境侵权中的共同注意义务，主要指法律规范所确立的基本义务和相关的排污标准，当然还包括社会基本的理性评价。此外，除了一般性的环境保护义务之外，在较为特殊的领域，还专门制定了具体的环境行为规范。例如，《固体废物污染环境防治法》规定，对危险废物的容器和包装物以及收集、贮存、运输、利用、处置危险废物的设施、场所，应当按照规定设置危险废物识别标志。当然，共同过失并不要求各侵权人在主观过失的内容上完全一致，只需在性质上同为违反环境保护义务即可。因为，实践中不同行业面临不同的环境保护要求，如果强调必须在过失内容上保持完全的一致，必然会导致共同过失的认定被限制在狭小的范围内，不利于受害人权益的保护。此外，在判断共同过失之时还应注意的是，过失的概念在发展史上属于发展性概念。特定社会中行为人所需遵循的行为规范并非一成不变的，而是随着经济社会的发展而变化的。因此，在共同过失的判断上，亦需不断符合社会经济发展的要求。

由此可见，在数人生态环境侵权中，只有明确各侵权人主观上没有相互通谋排放污染物，导致损害结果发生的故意，客观上亦没有共同违反具体的环境保护义务，方能认定数个侵权人的行为构成无意思联络的生态环境侵权。当然，需要

① 参见程啸：《中国侵权法四十年》，载《法学评论》2019 年第 2 期。

② 参见张荣霞：《共同侵权之“共同性”反思》，载《学术交流》2016 年第 11 期。

注意的是，在生态环境侵权中，为了有效地保护受害人的利益，采无过错原则。质言之，受害人无须证明侵权人具有主观过错，只需证明具有污染行为，其自身的人身和财产权益受有损害，且污染行为与损害之间具有因果关系，即可完成对生态环境侵权的举证。基于此，在无意思联络的数人生态环境侵权中，受害人只需证明污染行为与同一损害的存在，且每一侵权人的行为均导致了“同一损害”的发生即可。

（三）污染行为具有违法性

在生态环境侵权中，是否具有违法性要件一直以来都是法学界争论的焦点。否认污染行为具有违法性的理由主要为：污染行为往往属行政许可所允许的行为，符合污染物排放的具体标准，不具有违法性。主张污染行为具有违法性者认为，所谓违法性是指具体的污染行为所排放的污染物违反法律法规关于污染物排放标准的具体规定。基于此，即使污染行为所排放的污染物符合国家或者地方的污染物排放标准的要求，仍不可据此免除民事责任，而仅能够免于承担行政责任、刑事责任。因此，在民事责任方面，排污行为是否违反法律规范的规定，即是否具有违法性，并不影响侵权责任的成立。司法实践中，有法院也认为，在生态环境侵权中侵权责任的成立不以污染行为违法性的证明为前提。例如，在周某忠等与北京市平谷区夏各庄镇稻地村民委员会等环境污染责任纠纷案中，被告辩称对外排放的是符合环保局要求可再利用的再生水，法院认为，侵权人以排污符合国家或者地方污染物排放标准为由主张不承担责任的，不予支持，判决被告承担赔偿责任。[①]

笔者认为，上述理由值得商榷。该理由的逻辑起点为：违法性的判断与法律法规的具体规定和污染物的排放标准。虽然在侵权责任法上违法性的判断通常以法律规定和具体标准为依据，但并不意味着这些是唯一依据。而认为生态环境侵权不考虑违法要件者，则坚持法律规定与具体标准为违法性判断的唯一依据。假使采纳生态环境侵权中无须考虑污染行为的合法性要件，那么依此逻辑，在司法实践中，受害人只需证明侵权人存在排放污水、废气、噪声等污染物的行为，受

① 参见北京市平谷区人民法院（2022）京0117民初865号民事判决书。

害人所受之损害确实与排污行为存有因果关系，且不存在不可抗力和受害人故意之情形，侵权人就应当承担侵权责任。但从笔者对司法裁判的梳理来看，法院在审理生态环境侵权案件之时，并非如否认违法性要件的观点所言，不问污染行为的合法性，而仍然选择在证明特定的污染行为违反具体的标准或违法合理要求的基础之上，最终确定侵权人是否承担生态环境侵权责任。例如，在李某芳与蔡某、朱某健康权纠纷案中，法院认为，蔡某、朱某的装修行为产生的噪声是否符合国家关于噪声污染的限制性、禁止性规定是判断蔡某、朱某的装修行为产生的噪声是否合法的重要法律依据。① 再如，在钟某雄与广西玉林市福某建材厂等大气污染责任纠纷案中，建材厂认为经过广西壮族自治区玉林市环境监测站验收监测，其所排放的废气符合国家标准，对受害人的损害不应承担责任。法院认为，无论建材厂是否达标排放，只要排污行为存有违法性，就应当承担损害赔偿责任。②

此外，即使具体的污染行为符合国家或者地方的具体排污要求，或者并无具体的标准要求，法院亦会对污染行为的妥当性进行审查，并在此基础上明确行为人是否因具体的污染行为而需承担侵权责任。例如，在舟山市兴某水产养殖有限公司、中某路桥集团有限公司、中某集团华东勘测设计研究院有限公司等侵权责任纠纷案中，法院认为，案涉爆破作业产生的声波、振波等为有害效应，系造成对虾死亡的可能性原因之一。即使相关机构评估确认爆破作业环境影响因子和影响范围全面、合理，舟山市公安局出具准予行政许可决定书确认爆破作业的环境影响因子和影响范围，但是，排污是否达标并不影响污染行为违法性的认定，据此，法院认为案涉爆破作业过程产生了有害效应，存在环境污染行为。③ 又如，在北京市某房地产开发有限责任公司与张某噪声污染责任纠纷案中，原告认为，其房屋紧邻电梯机房，电梯上下运行和启动都会产生大量噪声，严重影响其工作和休息。虽然当前并无关于居民楼电梯设备产生噪声的评价标准，但法院经过审理认为，无论噪声是来自于居民楼内为本楼居民日常生活提供服务而设置的设

① 参见黑龙江省高级人民法院（2015）黑监民再字第124号民事裁定书。
② 参见广西壮族自治区玉林市中级人民法院（2011）玉中民三初字第1号民事判决书。
③ 参见浙江省岱山县人民法院（2020）浙0921民初510号民事判决书。

备，还是居民楼以外的设备，当其噪声达到一定程度时，均会对居民的生活产生一定影响，为了充分保护居民的合法权益，法院参照其他相关噪声标准的规定，明确了污染行为的违法性。[①] 由此可见，司法实践中，法院在审理生态环境侵权案件之时，无论是否存有污染行为的具体标准以及污染行为是否符合该标准要求，都会慎重参酌污染行为的违法性，从而作出最终的裁判。

维护行为自由与实现权益保护是侵权法的核心机能之一。[②] 权益保护的理论根基在于亚里士多德的矫正正义理论。矫正正义，是指加害人应当对受害人的损害进行填补以恢复加害行为之前的状态。但需要注意的是，在矫正正义之外，还应当维护基本的行为自由，在生态环境侵权中主要指维护基本的合理排污秩序。这不仅是各个企业生存与发展的基本要求，更是整个社会经济进步发展的重要保障。在民法中创设违法性这一概念，其主要目的在于界定及区别受保护的权益，明确行为自由与权益保护的空间。随着现代工业的发展，污染物的排放是不可避免的，只要其未超过特定区域内的环境容量，就应当被认为是合理的。因此，法律需要在维护企业正常生产与环境保护和人身、财产保护之间寻找到适当的平衡点，在维护基本的生态环境安全与生产生活安全的基础之上实现社会利益的最大化。而违法性要件正是生态环境侵权责任体系中平衡环境保护与污染物合理排放之间重要、不可或缺的技术工具。

准确地说，国家和地方关于排污标准的具体规定并不是判断生态环境侵权违法性的唯一依据。从本质上来说，法律规定和排污标准并不是侵权人行为准则的全部，违反法律规定和排污标准的行为必然具有违法性，但即使遵循了法律规定和排污标准，污染行为亦可能存有违法性。由此可知，在生态环境侵权中，违法性的判断标准应采忍受限度论，而非简单地将其与法律规定和排污标准之间画等号。所谓忍受限度论，是指基于理性人之基本观念，每一主体对于污染行为具有一定的忍受义务。忍受限度的判断须参酌污染行为的样态、损害程度和污染行为所能带来的利益等进行综合判断。质言之，对于轻微的环境损害，每一社会主体均负有一定的忍受义务，不可主张侵权责任。这是因为资源的有限性决定了社会

① 参见北京市第三中级人民法院（2015）三中民终字第00700号民事判决书。

② 参见王泽鉴：《侵权行为》，北京大学出版社2016年版，第7页。

中各主体间的摩擦在所难免，根据理性人之基本观念课以每一主体基本的忍受义务，有利于保障和促进社会经济的稳定发展。

在无意思联络的数人生态环境侵权中，仍然需要对污染行为的违法性要素进行判断。具体而言，需要对偶然结合在一起的侵权行为的违法性作整体判断，以明确结合后的行为是否存有违法性。换言之，不应分别考察各污染行为的违法性，因为，在无意思联络的数人生态环境侵权中，损害结果的发生是数个污染行为结合之后共同作用的产物。即使单独来看，各污染行为没有突破社会的忍受限度，但就整体来看，各污染行为的结合可能会突破社会的容忍限度。因此，在无意思联络的数人生态环境侵权中，需要证明数个污染行为结合后的行为整体超过了基本的容忍限度，才能说明污染行为具有法律上的违法性。

（四）污染行为与同一损害之间存有因果关系

判断责任是否成立，因果关系是极为重要的因素。在无意思联络的数人生态环境侵权中，对污染行为因果关系的判断亦应从数个污染行为结合后的整体角度来审视。换言之，在无意思联络的数人生态环境侵权中，无须每一污染行为单独均可致使损害发生，只需数个污染行为在相互结合后作为整体能够导致损害，即可认定每一行为与损害之间存有因果关系。当然，在具体判断时更不需要每一污染行为都足以造成全部的损害。例如，在吴某青、盐城市丰某精细化工有限公司（以下简称丰某公司）等与盐城苏某制药有限公司草庙分公司水污染责任纠纷案中，二审法院认为，丰某公司等五家企业均系位于川东港化工园区内的化工企业，只要企业正常生产均存在向川东港河排放废水的行为，而这些行为都会导致水质降低，引发养殖鱼的死亡。虽然并不能证明每家企业的排污行为都足以造成全部养殖鱼死亡，但上述行为与此结果均有因果关系。①

因果关系之于无意思联络的数人生态环境侵权具有两大功能：一是确立侵权责任是否成立；二是明晰每一侵权人责任承担的具体范围。前者旨在贯彻自己责任原则，扮演法律责任成立之过滤器的角色，排除与损害无关的污染行为；而后者旨在合理确定污染行为的影响范围，并在此基础之上合理限定侵权人的责任范

① 参见江苏省高级人民法院（2013）苏民终字第0014号民事判决书。

围，避免责任承担范围的无限延展。鉴于本部分仅探讨无意思联络的数人生态环境侵权的构成要件，故此处对因果关系的讨论主要集中在责任成立之上。根据以上论述不难看出，在无意思联络的数人生态环境侵权中，对因果关系的认定需要从行为结合后的整体视角来判断。在因果关系的判断之上，因污染行为结合性、损害结果的潜伏性是生态环境侵权的显著特征，故具体的侵权形态繁多，仅依靠一般人的判断能力很难进行精确认定。因此，需要通过专门部门进行调查、检验、检测、评估等，并经由法律上的价值判断以最终明确因果关系。法律上之因果关系非属于事实上因果律的判断，而是基于法律政策或其他考虑进行的法的价值判断。① 法学界一般认为，此种价值判断建立在相当因果关系理论的基础之上。具体而言，在无意思联络的数人生态环境侵权中，须就每一污染的污染行为与最终的损害结果之间是否具有“相当性”的联系进行判断。至于如何判断“相当性”，简言之，应从侵权人污染行为客观存在的视角观察，并以理性人的知识经验判断具体的污染行为是否提升了损害发生的可能性，即通常足以造成此种损害。

生态环境侵权具有潜伏性特征，因果关系的证明较为复杂。在因果关系的具体确定上，在《民法典》出台前，《环境侵权司法解释》（已失效）第 6 条对举证责任的分配作出解释，受害人须证明污染物与损害之间具有关联性。《民法典》出台后，配套的《生态环境侵权司法解释》删除了受害人对因果关系的证明责任。《民法典》第 1230 条更是明确规定，侵权人承担推翻因果关系的举证责任。这意味着受害人只需证明污染行为与污染损害，无须证明二者之间的因果关系，此项证明责任由侵权人承担，这是一种倒置的举证责任分配规则。② 至于污染行为与同一损害之间关联性的证明，当事人可以通过官方文件认定、鉴定意见、学术专著和疫学统计等方法来加以实现。

综上所述，在无意思联络的数人生态环境侵权中，对每一污染行为与损害结果之间是否均有因果关系的认定，须建立在对污染行为结合后的整体与损害结果

---

① 参见郭晓虹：《环境污染与生态破坏责任中的流行病学因果关系判断》，载《社会科学家》2023 年第 4 期。

② 参见单平基：《环境民事公益诉讼惩罚性赔偿的适用及规制》，载《政法论坛》2023 年第 6 期。

之间是否存有因果关系判断的基础之上。不可脱离整体，而就每一污染行为单独来分析。具体而言，只要整体行为与损害结果有因果关系，那么每一污染行为与损害结果就都有因果关系。至于具体的判断方法，应采相当因果关系理论，如果侵权人的污染行为对损害的发生具有“相当性”，即提升了环境损害发生的可能性，则应认定具有因果关系；反之，不具有因果关系。此外，基于生态环境侵权的复杂性，为了有效维护受害人的利益，应采因果关系推定规则，由侵权人承担具体的证明责任。

四、结论

当前，环境污染问题已经成为阻碍我国社会发展的重要因素之一，故强化生态环境的保护，促进社会发展的持续性已经成为我国社会亟待解决的重要问题。法律不仅是调整和维护社会基本发展秩序的重要途径，更是推动社会发展与变革的重要力量。因此，面对社会发展的要求，法律必须对此有所回应。质言之，应当通过法律体系内部的制度构造，强化对环境污染行为的有效规制，实现对环境污染问题的全面调整，夯实社会可持续发展的制度基础。据此，针对无意思联络的数人生态环境侵权，应当不断完善《民法典》侵权责任编的规范体系，通过构建合理的行为认定标准，实现对受害人合法权益和社会生态环境的充分保护。

比较法视野下类别股之类别创设的自由与限制

姜富超*

摘要： 2023年修订的《公司法》第144条引入类别股制度，并将类别扩充权力预留给国务院。因此，关于类别股之类别创设的自由与边界问题值得探讨。就类别股之类别创设的路径，美国采取章程自治路径，判例法在股东权利内容的解释以及股东间利益平衡上发挥了不可替代的作用；日本基于股份平等原则的要求及防范股东间利益冲突过于复杂化的考量，采取公司法限定列举路径。从法系相似性及管理层与股东关系的角度考察，笔者认为我国采取公司法限定列举路径较为合理。在创设类别股的类别时，虽然允许股份权利内容上设置合理的差别，但是应当禁止对特定股东进行不合理的差别对待。而关于具体判断标准，日本学说上的必要性及相当性要件值得参考与借鉴。此外，鉴于实践中广泛存在的需求，笔者建议在一定范围内缓和对无表决权股等常见类型的表决权类别股及股份回购及转换的限制。

关键词： 类别股　股份权利内容　信义义务　股份平等原则　合理化差异

2023年12月29日全国人大常委会审议通过修订的《公司法》（以下简称

* 日本北海道大学法学研究科博士研究生。

2023 年《公司法》）在第 144 条第 1 款中创设了股份公司可发行股份类别之规定。[①] 从该规定来看，2023 年《公司法》中关于股份有限公司可发行类别股之类别的创设，实际上是对此前已有类别股发行实践的总结，并在此基础上将创设新类别股份的权力继续授权给国务院。[②] 因此，从类别股之类别创设的角度来看，该条规定难以称之为重大突破。无论从立法论还是从解释论的角度，公司可发行类别股之"类别"应包含哪些内容依然需要深入探讨。一直以来，关于公司可发行股份之类别的创设一直是学界讨论的焦点。但是，目前，对域外类别股制度的考察多聚焦于类别股之类别的介绍，而对类别创设之自由与限制尚缺乏充分探讨。有鉴于此，本文将聚焦于如下问题：公司法或公司可以将哪些事项规定为类别股之权利内容，在创设类别股之权利内容时应否受到特定的限制（类别股权利内容的创设应否完全自由化），以及若类别股权利内容的创设应当受到特定的限制则应当如何设定限制标准与判定规则等问题。概言之，关于公司法上类别股之类别创设路径，主要存在章程自治路径（例如《特拉华州普通公司法》第 151 条）以及公司法限定列举路径（例如《日本公司法》第 108 条）两种。本文将对上述两种路径进行考察，并就我国《公司法》项下相关问题进行探讨。

一、美国法中类别股权利内容的创设自由与解释路径

（一）类别股权利内容的立法规定

当公司发行多种类别的股份时，对于各类别股份权利内容的设定，美国各州

① 根据 2023 年《公司法》第 144 条第 1 款规定，除普通股外，股份有限公司可发行的股份类别包括：(1) 关于利润或剩余财产分配事项的优先股或劣后股；(2) 关于每一股表决权数量差异化的多表决权股或少表决权股；(3) 关于股份转让是否需要经公司同意事项的转让受限股；(4) 国务院另行规定的其他类型的股份。

② 我国《公司法》自 1993 年制定以来，在 2023 年修订之前，并未就公司可发行股份之类别作出明确规定，但授权国务院可以就公司发行除普通股之外的其他类别的股份作出特别规定（修订前《公司法》第 131 条，1993 年《公司法》第 135 条）。鉴于实务中公司融资的多样化需求，并基于《公司法》之授权，国务院于 2013 年试点引入优先股，而后于 2019 年开始探索允许发行差异化表决权股份的公司公开上市。

法予以较大的章程自治空间。以被众多州公司法作为立法蓝本的《美国示范商业公司法》（Model Business Corporation Act）为例，其第 6.01 条（c）规定，可以在公司章程中作为股份权利内容进行规定的事项包括：（1）关于表决权的差异化设置（除非法律另有规定）；（2）股份是否可以赎回或转换；（3）股东接受公司分红的权利是否为累积的或不累积的或部分累积的；（4）接受公司分红或剩余财产分配的权利是否为优先的。同时，第 6.01 条（f）规定了关于类别股权利内容的优先权益、权利或限制；明确第 6.01 条（c）所列的事项并非限定性列举。关于类别股权利内容的设置，《特拉华州普通公司法》项下仅进行了更加宽泛的概括性规定。首先，创设类别股权利内容的权限被授权给公司章程或基于章程授权条款的董事会决议，公司可以根据章程规定或前述董事会决议发行不同类别的股份。①其次，关于类别股之“类别”的规定也较为宽泛，公司可以就表决权、股份名称、优先权益、特殊权利及资格等方面发行有不同权利内容的股份，也可以根据章程的规定或基于章程授权条款的董事会决议，赋予特定股份以赎回权或转换权，② 并且可以就剩余利润分配或剩余财产分配设置优先顺序。③

从上述规定的整体性考察，《美国示范商业公司法》及《特拉华州普通公司法》对于公司章程限制或扩张股东的经济性权利或控制性权利未加以限制，甚至规定公司章程可以授权董事会发行空白股票④，实际上美国大多数州的公司法均采取类似的规制立场。⑤ 以《特拉华州普通公司法》第 151 条规定为例，从该条规定的立法沿革等方面来看，该条规定之立法目的，系灵活应对企业融资中多样化的权利内容创设需求、拓展公司可发行类别股的类型，其文义甚至可以解释为，除个别限制外，公司可以发行包含任何不同权利内容的类别股。⑥

尽管类别股权利内容的设定被予以较大的章程自治空间，但法律规范上仍存

---

① General Corporation Law of Delaware § 151(a).

② General Corporation Law of Delaware § 151(b), (e).

③ General Corporation Law of Delaware § 151(c), (d).

④ Model Business Corporation Act (2023) § 6.01(a), 6.02. See also Del. Code Ann. tit. 8, § 102(a)(4).

⑤ Robert Hamilton & Richard Freer, The Law of Corporations in a Nutshell (6th ed. 2010), § 13.4.

⑥ Baker v. Providence & Worcester Co., 364 A.2d 838 (1976).

在一定的限制。比如，《美国示范商业公司法》要求，公司必须在其章程中规定，公司授权可发行的类别股份中，应至少有一类别或一组以上的股份享有全部表决权，并且还应至少有一类别或一组以上的股份在公司解散时有权接收全部剩余财产，该些类别或组的股份可以为同类别或同组。[①] 同时，在公司已发行股份中，也应当确保同样的类别股权利配置。[②] 其基本逻辑是：必须存在民事主体在权益享有上拥有公司，并且公司的控制性权利或经济性权利的任何部分的分配都不得事实不能。《特拉华州普通公司法》中也设置了类似的规定。[③]

（二）类别股权利内容设置的自由与限制

关于类别股权利内容之设定，判例法上亦存在若干限制，下文将按类别股之类型展开探讨。

第一，关于公司剩余利润或剩余财产分配。从股份权利内容之具体类别考察，比如，就公司剩余利润或剩余财产分配事项发行优先股，公司可以就股东是否享有优先权，剩余利润分配是否累积，股东优先接收剩余利润或剩余财产分配后是否就余额继续参加分配等事项在协议中自行约定；除此之外，公司还可以将诸如是否附有回赎条款、是否附有转换条款以及是否附有表决权等事项作为优先股的权利内容进行约定。[④] 因此，关于优先股，虽然其概念上存在"优先"之表述，但其具体权利内容，应当根据其发行协议或公司章程中的约定来确定。[⑤]但是，因为优先股同时具有股权与债权的双重特征，因此，对于优先股协议的解释路径，特别是当优先股权利内容约定不明时，即存在依据合同法中的真诚善意规则还是依据公司法中的信义义务规则进行漏洞补充之争议，[⑥] 其核心问题即董事

---

① Model Business Corporation Act(2023 Revision), 6.01(b).

② Model Business Corporation Act(2023 Revision), 6.03(c).

③ General Corporation Law of Delaware §151(b).

④ Richard M. Buxbaum, *Preferred Stock. Law and Draftsmanship*, 42 California Law Review 243 (1954).

⑤ In re Louisville Gas & Elec Co, 1948, 77 F. Supp. 176 , opinion after remand from district court 1948 WL 28473 .

⑥ William W. Bratton & Michael L. Wachter, *A Theory of Preferred Stock*, 161 UNIV. PA. LAW REV. 1815-1906 (2012), p. 1819.

对优先股股东是否负有信义义务。

第二，关于股东表决权。关于表决权的差异化安排，除要求应当至少有一类别或一组以上的股份享有全部表决权以及类别股东享有类别表决权外，现代美国各州公司法对于股东表决权的差异化安排几乎没有限制。实践中，通常可以就有无表决权股、表决事项是否受限、类别股股东是否享有选任或解任董事权利、类别股东对特定事项是否享有否决权股、表决权最大数量限制以及依据持股期限设定每股表决权数量等事项设定表决权类别股的权利内容。并且，特拉华州判例法认为，依据《特拉华州普通公司法》第151条等规定，允许公司创设仅具有表决权或仅具有财产性权利的股份。[①] 因此，越来越多的家族企业为维持控制权而发行表决权类别股（主要是无表决权股份），甚至出现公开发行无表决权股的案例。但是，通过发行表决权类别股实现股东的经济性权利与控制性权利的非比例性分离存在加剧股东间利益冲突、提高代理成本的风险，理论及实践中存在诸多争论。[②] 受此影响，虽然美国各州公司法几乎没有对表决权类别股的发行进行限制，但当这些表决权类别股公开上市时会受到各证券交易所的自律规则的规制。

第三，关于股份回购条款。就股份回购条款，《美国示范商业公司法》与《特拉华州普通公司法》的规定几乎一致。首先，关于股份回购条款的触发事由没有限制，公司可以在章程中规定：特定类别股的股东有权向公司要求回购类别股份，公司有权要求特定类别股的股东向公司转让类别股份，或者基于特定人的指示或特定事由的发生某类别股东或公司有权要求回购类别股份。其次，关于回购类别股份所支付的对价也没有限制。[③] 但实际上，纵观美国公司法的发展历程，对股份回购条款的规制也经历了从严格限制到逐渐缓和的过程。在1950年及1969年《美国示范商业公司法》中，股份回购触发事由仅限于公司要求特定

---

① Lehrman v. Cohen, 1966, 222 A.2d 800.

② Lucian A. Bebchuk, Reinier Kraakman & George Triantis, Stock Pyramids, Cross-Ownership, and Dual Class Equity: The Mechanisms and Agency Costs of Separating Control from Cash-Flow Rights, in Concentrated Corporate Ownership 295 (2000).

③ Model Business Corporation Act(2023), 6.01(c)(2). General Corporation Law of Delaware § 151(b).

股东向公司转让类别股份的情形,[①] 并且允许附带股份回购条款的股份类别仅限于优先股或特别股。[②] 作出前述限制主要基于若某些类别股东行使股份回购请求权而撤回出资可能会导致公司因缺少足够资金而影响正常运营之考量。但1984年《美国示范商业公司法》修订时，将股份回购条款的触发事由大幅拓展为上述三种情形并维持至今。而之所以认可股东的股份回购请求权，系因企业融资实践中通过合同约定创设某些股东享有请求公司回购股份的需求及大量实践使得拒绝认可股东股份回购请求权的规制方式已无必要。[③]基于同样的考量，允许附带股份回购条款的股份类别也不再限于优先股或类别股，而是拓展到任何类别的股份。[④]《特拉华州普通公司法》中关于股份回购条款的规制发展沿革，与《美国示范商业公司法》类似。1990年《特拉华州普通公司法》修订之前，其第151条（b）项下允许附带股份回购条款的股份类别仅限于优先股或特别股，但现行该条规定删除了该项限制，任何类别的股份都允许回购，但被回购的股份所在类别中剩余的股份应享有全部表决权，即仅允许对某一类别的股份的一部分进行回购。在判例法中，法院认为公司法中没有禁止性规定，股份回购条款不应当被解释为无效，除非该条款的目的主要系歧视性对待特定股东的利益等不具合理性的情形。[⑤]

第四，关于股份转换条款。因为股份转换一般通过回购某类别股份时以其他类别的股份或证券作为对价支付给股东的形式实现，所以《美国示范商业公司法》与《特拉华州普通公司法》中关于将股份转换条款作为类别股的权利内容的规定与上述关于股份回购条款的规制逻辑完全一致。1950年及1969年《美国示范商业公司法》中，允许附带股份转换条款的股份类别同样仅限于优先股或特

① Model Business Corporation Act (1969) § Section 15, paragraph 2 (a); Model Business Corporation Act (1950) § Section 14, paragraph 2 (a).

② Model Business Corporation Act (1969) § Section 15, paragraph 2; Model Business Corporation Act (1950) § Section 14, paragraph 2.

③ American Bar Association, Model Business Corporation Act Annotated: Revised Model Business Corporation Act (1985), pp. 89-90. Model Business Corporation Act (1984) § 6.01 (Official Comment).

④ Model Business Corporation Act (1984) § 6.01 (c).

⑤ Lewis v. H. P. Hood & Sons, Inc., 331 Mass. 670 (1954).

别股；并且仅允许优先股或普通股转换为不具有特别权利内容的普通股，但不允许普通股转换为债券、优先股或特别股。①但是，如前所述，1984 年《美国示范商业公司法》修订时，对授予类别股东的股份回购请求权予以认可，而当类别股东行使股份回购请求权时，如果允许公司以现金作为对价支付给该类别股东，逻辑上当然也应当允许公司将其他类别的股份或证券作为对价进行支付；并且与股份回购的情形相比，允许某类别的股份转换为债券或优先股并不会使得债券持有人或优先股东处于更加不利的地位。② 因此，《美国示范商业公司法》进一步缓和了对股份转换条款的限制。《特拉华州普通公司法》中对股份转换设置了更加宽泛的授权性规定，并且未加限制。③尽管宽泛的授权性规定可以更加灵活地应对、满足企业融资中多样化的权利内容设置需求，但也增加了股东关系的复杂性及潜在的利益冲突，因此，转换条款内容是否具有合理性更加依赖条款的精细化起草，以及法院在条款解释中所发挥的作用。

（三）授权法理论与股东权利内容的解释路径

现代美国公司法最显著的特点即公司法规则大多基于授权法理论制定的授权性规定。所谓授权法理论，是指关于与公司相关的控制权分配、公司利润及剩余财产分配、公司经营风险承担等事项，公司法规范应当允许公司、股东、管理层及其他利害关系人自由约定。在授权法理论指导下制定的公司法规范即公司法授权性规定。④ 公司法授权性规定赋予公司的利害关系人以巨大的章程自治自由。但是，巨大的章程自治自由难免会导致章程约定不明确、章程约定事项有遗漏或章程约定的股东间权益分配不公平等问题。针对该类公司章程解释的问题，除传统的对合同内容的司法审查路径外，美国公司法通过适用信义义务规则的方式进

---

① Model Business Corporation Act (1969) § Section 15, paragraph 2(e); Model Business Corporation Act (1950) § Section 14, paragraph 2(e).

② American Bar Association, Model Business Corporation Act Annotated: Revised Model Business Corporation Act (1985), pp. 90-91.

③ General Corporation Law of Delaware § 151 (e).

④ Wilber G. Katz, *The Philosophy of Midcentury Corporation Statutes New Look in Corporation Law*, 23 Law & Contemp. Probs. 177 (1958), p. 179.

行事后的漏洞填补与公平维护。①

例如，就优先股权利内容约定不明时的解释路径问题，在特拉华州判例法发展历程中，法院起初一直坚持优先股的权利内容本质上属于契约性权利，应当以合同约定为限，对于约定不明或未有约定的事项，应当以合同解释的方法进行漏洞补充，拒绝对优先股股东适用信义义务规则，即不能超出合同约定依据公司法规则为优先股股东创设权利。②在 Elliott v. Avatex 案中，法院强调，优先股区别于普通股的任何权利、优先权益和限制，都必须按照法律规定在合同或章程中明确而清楚地规定，而不应以推定或默认的方式来确定。③ 但在 Jedwab v. MGM Grand Hotels 案中，法院否定仅依据合同法对优先股合同予以解释的立场而试图适用公司法下的规则对优先股的权利内容进行解释。④在该案中，法院认为应当对优先股的优先性权利和优先股股东与普通股股东共同享有的权利予以区分，对于优先性权利，本质上由合同条款规定，董事无须对优先股股东的该些权利承担信义义务；但是对于优先股股东与普通股股东共同享有的权利，董事应当承担信义义务。在此后的判例中，法院虽然在董事对优先股股东负有的信义义务的范围问题（换言之，在优先股股东权利的内容边界探讨）上反复摇摆，但整体上沿着 Jedwab v. MGM Grand Hotels 案确立的分析框架依据信义义务规则对优先股合同解释进行漏洞填补。比如，在 Trados 案中，法院强调如果创设优先股权利内容的公司章程就某事项未明确规定，则应当解释为优先股股东与普通股股东享有相同的权利。⑤

由此可见，虽然《特拉华州普通公司法》对于类别股权利内容的设定予以较大的章程自治空间，但判例法实际上在股东权利的解释（限缩或扩张）以及

① William T. Allen, Jack B. Jacobs & Leo E. Jr. Strine, *Function over Form: A Reassessment of Standards of Review in Delaware Corporation Law*, 26 DEL. J. CORP. L. 859 (2001), p. 861.

② Judah v. Delaware Tr. Co., 378 A. 2d 624 (Del. 1977). Wood v. Coastal States Gas Corp., 401 A. 2d 932 (Del. 1979). Rothschild Intern. Corp. v. Liggett Group Inc., 474 A. 2d 133 (1984).

③ Elliott Associates, L. P. v. Avatex Corp., 715 A. 2d 843 (1998).

④ Jedwab v. MGM Grand Hotels, Inc., 509 A. 2d 584 (1986).

⑤ In re Trados Inc. Shareholder Litigation, Not Reported in A. 2d (2009). LC Capital Master Fund, Ltd. v. James, 990 A. 2d 435 (2010).

股东间利益冲突的平衡上发挥着不可替代的作用。

二、日本法中类别股的多样化与限制

在日本，关于类别股制度的起源可以追溯到1899年《日本商法典》。从1899年《日本商法典》第211条中仅允许公司增资时发行优先股，到2005年《日本公司法》第108条允许就九项事项及其任意组合发行类别股，日本类别股制度，系在公司法为不断适应企业融资需求多样化的融资实践发展中通过数十次法律修正历时百年逐渐创设、扩充的制度成果。

《日本商法典》最初以德国等大陆法系为参考制定，20世纪50年代战败后，日本在美国主导下参照美国法进行大量改革，通过大量比较法研究并历经半个多世纪的法律修正，完成公司法的现代化改革。其中，关于类别股制度的改革与完善，主要体现在三个方面：第一，借鉴美国等域外法逐步缓和对类别股类别的限制，实现类别股的多样化的同时，坚持类别股类别法定的立场；第二，完善股东间利益冲突的调整机制，包括扩展类别股东会表决权以及类别股东的评估权的适用范围等；第三，完善关于公司财产分配的资金来源限制规则等。限于篇幅，本文以下部分将主要就上述第一方面进行考察。

（一）类别股类别的扩充

日本法中，关于允许在公司章程中规定的类别股的权利内容，传统上主要存在两方面的限制：第一，可以作为类别股权利内容的事项，仅限于公司法中限定性列举的事项；第二，公司可以发行的类别股的权利内容及其可发行股份总数必须事先在章程中规定。通过20世纪的数次重大修正，上述两种限制被逐渐缓和。具体而言，允许在公司章程中规定的类别股的权利内容更加多样化，同时，对类别股发行程序相关的章程规定的要求进行简化，从而大大扩大了公司发行类别股的自由度。①

---

① 谷川寧彦，会社法における種類株式設計の柔軟化とそのコスト，68 商学研究科紀要 13，2 頁（2009）.

根据《日本公司法》的默认规则，股东拥有剩余利润分配请求权、剩余财产分配请求权以及就股东大会表决事项的表决权。[①] 此外，法律不允许通过公司章程的规定同时排除股东的剩余利润分配请求权和剩余财产分配请求权这两项权利，换言之，《日本公司法》要求股东必须至少拥有这两项权利中的一项权利。[②]

除普通股外，《日本公司法》第 107 条和第 108 条中以限定列举的方式规定了公司可以发行的股份的类别。根据第 107 条之规定，公司可以在公司章程中就公司的全部股份是否存在股份转让限制、股东享有的请求公司回购股份的权利、公司享有的要求股东向公司转让股份的权利之权利内容作出规定。在此三项事项中，公司可以在公司章程中规定其中任何一项作为公司全部股份的权利内容，也可以将其中任意两项或三项事项结合起来一并规定为公司全部股份的权利内容。[③] 换言之，如果公司按照第 107 条来规定股份的权利内容，则必须对公司的全部股份的权利内容进行统一规定而不得进行差异化规定，如果公司打算仅对部分股份创设与其他部分股份不同的权利内容，则必须依据第 108 条之规定设置类别股的权利内容。

根据第 108 条第 1 款，公司可以在章程中规定的类别股的权利内容包括：(1) 公司剩余利润的分配；(2) 公司剩余财产的分配；(3) 股东在股东大会上可以行使表决权的事项；(4) 通过股份转让取得股份是否需要经公司同意；(5) 股东是否享有请求公司回购股份的权利；(6) 附随条件满足的情形下公司享有的要求股东向公司转让股份的权利；(7) 依据股东大会决议公司享有的要求股东向公司转让股份的权利；(8) 类别股股东的否决权；(9) 非公开公司的类别股股东大会上选任或解任董事或监事的权利等。依据该款之规定，公司可以在公司章程中将该款规定项下的任何一项事项规定为股份的权利内容，也可以将任意两项及以上的事项自由组合后规定为股份的权利内容。因此，公司可以发行的类别股实际上存在无数种权利内容不同的类别，即类别的数量可以说是无限的。但

---

① 会社法第 105 条 1 項。

② 会社法第 105 条 2 項。

③ 酒巻俊雄 & 龍田節，逐条解説会社法〈第 2 巻〉株式 1 第 104 条～第 187 条，45 (2008).

是，关于类别股的权利内容的创设，学说上有学者提出应否对其施加限制的问题。①

（二）关于股份平等原则解释论的争论

通说观点认为，《日本公司法》第108条对类别股之类别采取限定性列举的规制立场，即公司可以发行权利内容不同的类别股之类别，应当以上述第108条规定之限定为限，不允许就该条规定中限定列举事项之外的其他事项设置类别股的权利内容。② 日本通说采取上述限定性列举立场之根据，主要在于股份平等原则。③

在2005年《日本公司法》制定之前，虽然没有关于股份平等原则的明文规定，但在解释论上，通说观点基于正义公平等价值观念解释出股份平等原则作为公司法的基本原则之一，并将其定性为强制性规范。④ 此时，股份平等原则包含两层内涵，第一层内涵为各股份的权利内容原则上应当是相同的；第二层内涵为只要各股份的权利内容相同就应根据股东持有的股份数量平等对待。换言之，类别股股份被视为股份平等原则的例外。但是，在2005年制定的《日本公司法》中，上述股份平等原则的第二层内涵被明文化并规定在第109条第1项中，并且，关于股份的类别，也就是关于股份权利内容的设计，被认为并未包含在该条款规定的股份平等原则的适用范围。⑤ 在《日本公司法》制定前的《日本商法典》中，如果将类别股定位为股份平等原则这一强制性规范的例外，那么在没有法律明确规定的情况下，通过公司章程创设股份的权利内容将面临违法无效的风险。而在此种路径下，公司法将很难灵活应对实务中企业融资多样化的需求。

但另一方面，如果认为《日本公司法》第109条第1项明文化的股份平等原

---

① 酒巻俊雄 & 龍田節，逐条解説会社法〈第2巻〉株式1 第104条~第187条，(2008)，66頁.

② 相澤哲，郡谷大輔 & 葉玉匡美，論点解説 新・会社法一千問の道標，55 (2006). 江頭憲治郎，株式会社法第7版，138 (第7版 ed. 2017).

③ 松尾健一，株主間の公平と定款自治，(2010)，98頁.

④ 山下友信，会社法コンメンタール第3巻 株式 (1) (2013)，上村，140頁.

⑤ 相澤哲，郡谷大輔 & 葉玉匡美，論点解説 新・会社法一千問の道標，55 (2006)，108頁.

则不适用于股份类别的创设，是否意味着公司法或公司可以任意创设类别股之类型。学说上有观点认为，《日本公司法》第109条第1项明文化的股份平等原则仅是传统的第二层内涵上的股份平等原则，但传统上作为对股份内容的差异化发挥重要限制功能的第一层内涵上的股份平等原则在解释论上应当认为依然存在，并且在公司法项下，该解释论上的规范不允许就股份权利内容的创设中设置不合理的差异。① 公司法或公司在创设股份类别时需要满足两个先决条件：第一，就股份内容进行差异化设置应当存在必要性；第二，依据该必要性，对股份权利内容进行差异化设置应当与其必要性存在相当性。② 即所谓股份权利内容的差异化设置应当事先满足必要性及相当性条件。

此外，如果沿用传统观点将《日本公司法》第109条第1项的股份平等原则解释为"违反则无效"的严格的强制性规范，则会对股份类别的创设施以严格的事先限制，可能难以灵活应对实务中的金融创新。基于该些考量，对于在实务中具有合理性的股份类别的创设应当予以肯定，仅当股份权利内容的设计完全没有合理性或违反公司法的基本原则时，才应被认为是无效的。

（三）关于一股一权原则解释论的争论

日本传统学说观点认为，一股一表决权原则是股份平等原则的具体表现，因此，除法律有特别规定的情况外，不允许通过公司章程的规定就股份所附表决权之内容进行差异化设置。③ 基于该观点，日本从旧商法时代以来就将一股一表决权原则作为强制性规范进行明文化规定，并在法律中规定了允许表决权差异化安排的例外情形。

关于一股一表决权原则的理论基础，学说上存在不同的观点。从股份公司作为资合社团法人的特性来看，股东对公司出资后，相应地仅获得对公司利润和剩余财产的分配请求权，而表决权的赋予即为了保护股东的该些经济权利。因此，

---

① 山下友信，会社法コンメンタール第3巻 株式（1）（2013），上村，77-78頁.

② 野村修也，株式の多様化とその制約原理，旬刊商事法務=COMMERCIAL LAW REVIEW 29（2006）.

③ 菱田政宏，株式の種類・出資・権益（二），20關西大學法學論集410（1971），418頁.

确保表决权的数量与出资金额的比例性，是最公平的规制方式。[①] 此外，从股东作为公司剩余财产索取权人的角度看，因为股东是公司剩余利润及剩余财产的享有人，拥有为增加公司利润而合理行使表决权的动机，所以为确保表决权的合理行使，最理想的规制方式即确保表决权与财产性权利成比例。

一股一表决权原则具有约束功能，能够对特定股东获得超过出资比例的表决权数量并以此维持对公司的控制权或者滥用控制权导致的公司治理成本升高问题起到限制作用。[②] 此外，也有观点认为，一股一表决权原则并非绝对化的法律规则，而仅仅是基于经济政策理由而被采纳。在鼓励积极利用类别股制度的政策背景下，如果仍然坚持"违法则无效"的政策立场僵硬地适用一股一表决权原则，则可能无法合理应对具有合理性的表决权差异化安排。[③]

《日本公司法》第 308 条第 1 项中规定了一股一表决权原则。作为例外，除了互相持有的股份和公司自有股份外，还包括与表决权相关的类别股份，具体为：（1）表决权限制股份；（2）附带否决权的股份；（3）非公开公司的类别股股东大会上有权选任或解任董事或监事的权利的类别股份；（4）通过单元股制度实现的多重表决权类别股份等。并且，根据第 108 条第 1 项第 3 号，表决权限制股份又包括完全无表决权股份、仅对特定事项具有表决权的股份及仅对特定事项没有表决权的股份。此外，从该规定的表述来看，允许就表决权设置差异化安排的事项仅限于就股东大会上特定决议事项是否享有表决权，但不允许赋予一股一半或两个以上的表决权。[④] 然而，在 2001 年《日本商法典》修订中，随着单元股制度的引入，除一股一表决权原则外，一单元一表决权原则也被法定化。[⑤] 引入单元股制度的目的本来是应对因较多持股数量低的股东的存在而引发的公司股东名册维护、股东会召开等成本升高问题。但是，在公司发行多种类别的类别

---

① 加藤貴仁，株主間の議決権配分——株一議決権原則の機能と限界（2007），131-132 頁.

② Takamoto Suzuki，アメリカにおける一株一議決権原則（二・完），131 法学論叢 68（1992），84 頁.

③ 山下友信，会社法コンメンタール第 3 巻株式（1）（2013），上村，82 頁.

④ 江頭憲治郎，株式会社法 第 7 版，（2017），146 頁. 神田秀樹，会社法第 23 版（2021），88-89 頁.

⑤ 日本会社法第 308 条 1 項但書.

股的情形下，即便采用一单元一表决权原则，公司法允许公司在公司章程中就不同类别的股份构成一单元股份的股份数量设置差异化规定，实际上依然可以实现表决权差异化安排之效果。

虽然学说上认为通过单元股制度实现表决权差异化安排有脱法之嫌疑，[①] 但21世纪初受美国科技公司双层股权架构公开上市浪潮等影响，东京证券交易所在一定范围内允许表决权类别股上市，而其中条件之一即拟上市企业采取表决权差异化安排的应当事先满足必要性及相当性要件。所谓必要性要件，是指从股东共同利益保护的角度看拟上市企业发行多表决权类别股是否具有必要性，主要从控股股东或管理人员应否对公司保持持续管理运营的权限角度进行判断；所谓相当性要件，是指表决权差异化安排与该必要性相较是否具备相当性，主要从是否设置通过日落条款等及时解除不必要的表决权差异化安排的机制方面进行判断。[②]

三、中国法项下的探讨

（一）类别股之类别创设路径的比较与分析

关于我国类别股之类别创设的规制探讨，国内学说多主张采取日本的公司法限定列举路径。笔者认为，除多被论及的法系相似性之理由外，基于对类别股权利内容差异化的规制方式的相似性考量，我国采取类别股类别的公司法限定列举路径也更为合理。

美国法项下，如前所述，基于授权法理论，美国各州法对类别股之权利内容的设定允许较大程度的章程自治，但判例法实际上在股东权利的解释（限缩或扩张）以及股东间利益冲突的平衡上发挥着不可替代的作用。以特拉华州为例，法院一再强调，公司董事及管理人员（管理层）不仅对公司负有信义义务，对于

---

① 山下友信，会社法コンメンタール第3巻 株式（1）（2013），上村，81頁.

② 東京証券取引所、上場審査等に関するガイドラインⅡ6.（4）のa。東京証券取引所，2023新規上場ガイドブック（プライム市場編），84-86頁.

股东也负有信义义务。[①] 因此，管理层在公司运营期间，应当凭其专业判断促进公司及股东的利益，基于真诚善意采取有利于股东利益的措施。基于此项要求，在公司发行类别股份的情形下，管理层对于各类别股份的股东均应负有信义义务，即便规定类别股权利内容的合同存在不明确、遗漏或显著不公平的情形，管理层也应基于其对股东负有的信义义务维护股东的权益，而这已经超出了仅基于合同解释股东权利内容的范畴。因此，虽然判例及学说对于股东权利内容边界的探讨仍存在争议，但可以说，美国法项下的信义义务规则对类别股权利内容的解释发挥了重要的漏洞填补功能。

但与之相对，《日本公司法》规定，董事、执行官与公司之间的关系属于事务委托关系，因此，董事及执行官对公司负有善良管理注意义务（包括忠实义务）；[②] 因此，美国法项下通过宽泛的授权性规定允许较大空间的章程自治，然后通过信义义务规则等对股东权利内容进行事后解释（扩张或限缩）的路径，在日本法项下直接适用的难度较大。日本法中的类别股制度虽然是受美国法影响逐步缓和规制并进行扩充，但其并没有选择美国法上宽泛的授权性规定的路径，而是从股份平等原则出发，对类别股之各类型及其潜在利害关系进行逐项考察，坚持类别股的类型法定的立场，又允许一定程度的章程自治，同时，为应对伴随类别股多样化而导致的股东间利益冲突复杂化而充实了类别股东利益调整机制。

关于此点，我国《公司法》也有类似规定。我国《公司法》规定董事、监事、高级管理人员对公司负有勤勉义务及忠实义务。[③] 因此，关于公司法上类别股之类别的创设，需要更加依赖于事先规制路径以降低潜在的交易成本及诉讼成本。

（二）我国公司法上类别股之类别创设与限制

关于公司法上类别股之类型扩充及其限制，解释论上其主要依据应当也是股

---

① Smith v. Van Gorkom, 488 A. 2d 858 (Del. 1985). Loft, Inc. v. Guth, 23 Del. Ch. 138, 2 A. 2d 225 (1938), determination sustained, 23 Del. Ch. 255, 5 A. 2d 503 (1939).

② 《日本公司法》第 330 条、第 402 条第 3 款，《日本民法典》第 643 条、第 644 条、第 656 条。

③ 参见 2023 年《公司法》第 180 条的规定。

份平等原则。虽然《公司法》没有明文规定股份平等原则，但有比如同股同权、同股同利以及一股一表决权等体现股份平等原则的规定。并且，基于公平正义理念、《宪法》中关于公平的规定以及民法平等原则，在解释论上可以解释出股份平等原则。[①] 而关于股份平等原则的内涵，我国学说上存在不同的观点。有观点认为，股份平等原则包含形式平等与实质平等，所谓形式平等是指按照股东的持股比例平等对待股东，而实质平等是指不管股东的持股数量对全体股东都同等地对待。[②] 也有观点认为，股份平等原则包含股份内容平等及依据持股比例平等对待，所谓股份内容平等是指公司发行的每一类股份内容应相同，所谓依据持股比例平等对待是指按照股东的持股比例平等地享有权利履行义务。[③]

笔者认为，首先，目前《公司法》中明确规定“同类别的每一股份应当具有同等权利”，依据其相反解释，应当认为公司法项下将类别股视为股份平等原则的例外；其次，在类别股制度下，应当按照类别股的内容及持股数量平等地对待股东；最后，股份平等原则虽然允许股份权利内容上设置合理的差别，但是应当禁止对特定股东进行不合理的任意区别对待。基于此，在创设类别股的权利内容时，上述日本学说关于必要性及相当性要件的观点值得参考与借鉴。

（三）我国公司法上类别股之类型扩充之探讨

首先，依据2023年《公司法》第144条第2款之规定，股份公司在公开发行前可以发行表决权类别股或转让限制类别股，但股份公司在IPO时或者在IPO之后增发股份时不允许发行表决权类别股或转让限制类别股。如此一来，上市公司实际上只能发行普通股及优先股。但现行法下，优先股的发行条件被严格限定，[④] 因此，大多数上市公司实际上只能发行普通股。一方面，公司在上市后发行表决权类别股存在侵害现有股东利益的风险，因此，自2019年设立科创版以来，对于发行差异化表决权类别股的公司上市设定了严格的事前审查条件。另一

① 参见刘俊海：《论股权平等原则》，载《法学杂志》2008年第3期。

② 参见宋智慧：《股东平等原则与资本多数决的矫治》，载《河北法学》2011年第6期。

③ 参见刘俊海：《论股权平等原则》，载《法学杂志》2008年第3期。

④ 参见《国务院关于开展优先股试点的指导意见》第二部分第8条、《优先股试点管理管理办法》第26条的规定。

方面，一直以来，企业融资及并购实践中存在按照交易双方偏好安排公司经济性权利及控制性权利的需求，但由于公司法中类别股制度供给不足，因此，通过合同条款的特别约定来定制经济性权利和控制性权利安排的案例不胜枚举，其典型例子即上市公司在收购目标公司时与目标公司的原股东签订的业绩承诺合同。[①]但因为缺乏对该类合同约定的权利内容的类别化分析及边界限制探讨，此类对经济性权利与控制性权利分离化配置的业绩承诺合同在实践中成为诉讼争议之源。

其次，2023年《公司法》修订并未引入关于股份回购或股份转换的类别股。但在我国金融实践中，对赌回购早已数见不鲜。比如，风险投资基金与创业公司及股东之间经常会约定股份回购条款，即如果出现创业公司在特定期限内无法公开上市等情况，投资者可以要求创业公司或创业家股东对投资者的股权进行回购。但关于此类通过合同对股东权利义务进行个性化定制的特别约定之法律效果，司法实践及学说上常持怀疑态度。[②]

上述业绩承诺合同或股份回购条款均系通过合同约定对股东权利内容进行个性化创设的实践。但是，通过合同特别约定的方式创设股权之权利内容时，股权权利内容无法实现标准化，直接影响到股权的流动性；并且，股权流动性是股权的重要价值之一，流动性的降低会损害股东地位和股东权利的可转让性，又进一步增加投资风险。[③] 另外，如果类别股之类别创设完全自由化，对于投资者而言，股份类别过于多样化提高了其信息分析成本，可能会降低投资者投资积极性。并且，随着类别股的多元化，股东之间利益关系及潜在可能的利益冲突将更加复杂化，可能会损害公司运营效率及公平性。

因此，笔者主张，除坚持类别股之类别的事先法定化立场及禁止不合理差别对待外，还应当完善类别股东会决议权以及评估权等类别股东间利益冲突的事中调整机制，以期在降低潜在的交易成本的同时，从程序上确保公司内部利益平衡

---

① 参见《国务院关于开展优先股试点的指导意见》第二部分第8条、《优先股试点管理管理办法》第26条的规定。

② 关于此类股份回购条款的有效性，肯定意见可参考：（2020）最高法民申2957号北京某投资中心、新疆某新材料股份有限公司股权转让纠纷案；否定意见可参考：（2019）最高法民申4797号新疆某股权投资有限合伙企业、某科技（中国）股份有限公司与公司有关的纠纷案。

③ 参见朱慈蕴、沈朝晖：《类别股与中国公司法的演进》，载《中国社会科学》2013年第9期。

机制。关于类别股之类别扩充，在完善类别股东会决议权以及评估权等股东间利益冲突的调整机制的基础上，[①] 在一定范围内缓和对无表决权股等常见类型的表决权类别股的限制；在完善公司财产分配的资金来源限制规则的基础上，缓和对股份回购及转换的限制。关于实践中其他类型的权利内容安排，通过对其股东权利内容进行个性化创设的合同约定进行考察，依据必要性及相当性进行合理性审查，并以此为基础进行类别股之类别的扩充。

① 参见曹凡：《双重股权结构在中国大陆的规范本土化与制度续造》，载我国台湾地区《月旦法学》2024 年第 11 期。

让与担保之别除权实现研究

刁 倩*

摘要：近年来，让与担保在信贷交易市场上越发活跃，但围绕其法律构造与效力的争议始终存在。《民法典》第388条第1款拓宽了担保合同范围，第401条、第428条明确流担保条款的变价清算效力，为让与担保成为一类非典型担保、构成别除权基础提供通道。与此同时，其以让渡所有权为担保方式，也应在别除权实现的实体效果与程序机制上受到重视和规范。在实体效果方面，非移转占有的动产让与担保引出代偿别除权的行使与范围问题，让与担保是否构成“以明显不合理低价进行交易”和“事后担保”的撤销事由，应视情况分别阐释。在程序机制方面，我国尚未明确赋予管理人变现权，也未确立标的物强制收回制度，对通常远超担保债权价值的让与担保缺乏程序规制。股权让与担保则因公司的组织性与股权的复合性，在当事人一方或标的公司破产时，呈现较为复杂的债权人受偿地位与名义股东法律责任。

关键词：别除权 让与担保 法律效果 衡平机制

一、引言

债务人或第三人通过移转标的物所有权等权利，为债务提供担保，债权人在

* 上海市审计局，中国政法大学民商法学硕士。

未获完全清偿时可优先变价受偿，是为让与担保。①其以让渡所有权的方式担保债权实现，“手段超越目的”引发“脱法”嫌疑。《物权法》（现已废止）制定过程中也数易其稿，有关让与担保是否成文化的讨论非常激烈。尽管最终未将其写入，但引发的法律构成与合法性争议，尤其是如何在不违背我国现有法律体系的前提下妥善处理让与担保纠纷，仍是学界与实务界长期探讨的一大难题。为此，最高人民法院整合梳理裁判经验，在《全国法院民商事审判工作会议纪要》（以下简称《九民纪要》）中确立了“名为让与，实为担保”的总体裁判思路，认可让与担保参照适用担保物权的相关规则。

在裁判思路有所依循的基础上，《民法典》问世，其第 388 条第 1 款新增了担保合同范围开放性的规定，第 401 条、第 428 条明确了流担保条款的法律效力，为让与担保参照担保物权变价清算提供了法律依据。在此之前，破产法领域的主流观点仍为债权人享有所有权可行使破产取回权。②《民法典》既承认让与担保的优先受偿效力，其特殊担保形式引发的别除权实现问题也应受到重视和规范，不仅要在实体效果上认定实现的效力与范围，也应在程序机制上注意公平分配的破产法理，以期实现实质保护与利益衡平。

二、让与担保之效力认定与别除权基础

《民法典》与《最高人民法院关于适用〈中华人民共和国民法典〉有关担保制度的解释》（以下简称《担保制度解释》）搭建的担保制度体系，接纳了让与担保等非典型担保。这不仅结束了长期以来的构造与效力争议，也为其进入破产法领域、成为别除权基础提供了关键前提，是分析别除权行使与实现的出发点。

---

① 参见梁慧星主编：《中国民法典草案建议稿附理由（物权编）》，法律出版社 2004 年版，第 416 页；谢在全：《民法物权论》（下册），中国政法大学出版社 2011 年版，第 1100 页；杨立新：《物权法》，法律出版社 2013 年版，第 467 页；王利明：《物权法研究》（第四版），中国人民大学出版社 2016 年版，第 1267 页。

② 参见邹海林、常敏：《债权担保的方式和应用》，法律出版社 1998 年版，第 409 页；王欣新：《破产法（第二版）》，中国人民大学出版社 2007 年版，第 406 页。

（一）《民法典》与《担保制度解释》体系下的效力承认

《民法典》第388条第1款相较于《物权法》第172条第1款，新增了第2句的内容，即除传统的抵押、质押外，担保合同还包含兜底性的“其他具有担保功能的合同”。抵押与质押是传统担保物权，与其并列的“其他具有担保功能的合同”虽未言明具体类型，但从文义解释上看，应认为具有同等设立担保物权的效力。从立法目的上看，《民法典》编纂顺应了我国持续优化营商环境的大趋势，担保物权类型的实质扩充对增强投资吸引力益处颇大。[①] 让与担保与融资租赁、保理、所有权保留等具有极强的共通性——都是以让渡所有权的方式实现担保功能，[②] 在前三者的合同关系中，实际均已含有让与担保的交易结构，[③] 如此让与担保也应落于“其他具有担保功能的合同”的规范射程内。

与此同时，《民法典》第401条、第428条修改了《物权法》有关流押、流质的规定，将“不得约定”流押、流质条款，调整为约定该条款后“优先受偿”，体现了立法对流担保效力的明确。当事人所作约定，如债权人未在清偿期内完全受偿则固定取得所有权，或债务人不得要求返还超出债务额部分价款，据此可解释为仅具有变价清算效力。《民法典》虽未在法条中明示让与担保，但已为处理让与担保问题提供了法律依据。[④] 正因如此，最高人民法院将让与担保列入“非典型担保”，于《担保制度解释》第68条表明在否定流担保条款效力的同时，认可当事人担保真意的效力，法院可基于《民法典》第401条、第428条之规定，认定债权人对相应标的物享有优先受偿权。[⑤] 如此，非典型担保体系具备了开放性，让与担保得适用或参照适用担保物权规则。

值得注意的是，让与担保的设立要件为已经完成财产权变动的公示。实践

① 参见黄薇：《〈民法典物权编草案〉（二审稿）对若干重点问题的回应》，载《中州学刊》2019年第7期。

② 参见龙俊：《民法典物权编中让与担保制度的进路》，载《法学》2019年第1期。

③ 参见杨立新：《民法分则物权编应当规定物权法定缓和原则》，载《清华法学》2017年第2期。

④ 参见刘贵祥：《民法典关于担保的几个重大问题》，载《法律适用》2021年第1期。

⑤ 参见最高人民法院民事审判第二庭：《最高人民法院民法典担保制度司法解释理解与适用》，人民法院出版社2021年版，第569-570页。

中，以占有改定替代交付，以期保留对担保物用益的方式广泛存在。从最相类似的担保物权——动产质权来看，占有改定已因外观缺陷被否定了物权设定效力，而让与担保形式上移转的是所有权，在“举轻以明重”的解释下也不应承认其公示效力，[①] 然现实中确存在担保人继续利用的需求。或可利用我国已建立的动产融资统一登记公示系统，类比所有权保留、融资租赁等担保人直接占有标的物的情形，在“其他动产和权利担保”一栏办理登记，以担保人为主体查询财产权归属与负担，防止担保人的其他债权人对此授信。

（二）让与担保作为破产别除权的权利基础

所谓别除权，是指债权人在破产程序中就债务人特定财产享有的优先受偿权，其权利基础或为曾设定的担保物权，或为法律上特别规定之优先权，[②] 其中又以约定担保物权的适用最为普遍。[③]《民法典》颁布以前，让与担保的法律地位与效力存疑，所有权或担保权构成的争议，延伸到破产法上即为取回权或别除权的不同解读。如今，让与担保既已纳入担保物权规则体系，在破产法上也应延续其优先受偿效力，作为别除权的权利基础，受到破产程序的一体承认和实现约束。

同时，破产法虽原则上承认担保物权的范围与效力，但担保物权与破产的制度目标不同，[④] 前者力求保证个别债权人完全受偿，后者则追求各债权人平等受偿。[⑤] 在各类物权担保运用日渐广泛以至于破产财产上几乎均有担保物权存在的情况下，若不对担保的实现程序加以约束，破产法保障债权人集体公平受偿的效

---

① 参见朱晓喆、马强：《优化营商环境视野下动产让与担保的法律构造及效力——结合〈民法典〉相关规则的解释》，载《云南社会科学》2021 年第 2 期。

② 参见王欣新：《破产别除权理论与实务研究》，载《政法论坛（中国政法大学学报）》2007 年第 1 期。

③ 除担保物权外，别除权还包括一些特别优先权，如《海商法》第 21 条船舶优先权、《民用航空法》第 19 条民用航空器优先权等。

④ See Jonathan M. Seymour, “Against Bankruptcy Exceptionalism,” *University of Chicago Law Review* 89, No. 8(2022): 1925–1927.

⑤ 参见许德凤：《破产法论——解释与功能比较的视角》，北京大学出版社 2015 年版，第 87 页。

用往往难以体现。[①] 但这一约束也不应是实质和激进的，既不应剥夺担保权人的优先受偿权，也要注意可能引发的担保交易成本和风险的上升。[②] 一个合理的方案是，在明确别除权效力范围的同时，从破产法公平清偿的角度对其实现程序再予衡平规范。[③]

三、让与担保别除权实现之实体效果

让与担保权人享有的别除权，经适当公示可在破产程序内单独优先受偿。不动产物权由于存在登记或预告登记等公示方式，通常可避免担保人的擅自处分，而以占有改定方式进行的让与担保，即使在统一公示系统登记，也难以防范担保人转让标的物并引发价值减损的风险。在权利的范围上，别除权人能否就破产前已转让的担保物行使价金或其他收益上的代偿别除权？在权利的抗辩上，以明显不合理低价交易、事后担保等能否作为破产撤销权行使的依据？

（一）代偿别除权的范围界定

动产不移转占有而仅在统一公示系统登记，会存在担保人转让标的物的可能性。《民法典》第 406 条改变了《物权法》第 191 条非经担保权人同意不得转让抵押物的立场，但要求抵押人履行通知义务，并在可能损害担保权实现时提前清偿或提存。如此，若担保人未在破产申请受理前履行该义务，进入破产程序后，让与担保权人能否就转让所得价金或其他收益行使代偿别除权？

从文义解释出发，《民法典》第 406 条针对的是担保人的自由转让因损害担保利益而受限。转让所得价款是担保物提前变价的表现，由原财产转化而来的客

① 参见王欣新：《论破产程序中担保债权的行使与保障》，载《中国政法大学学报》2017 年第 3 期。

② 参见许德风：《破产法论——解释与功能比较的视角》，北京大学出版社 2015 年版，第 289-290 页。

③ See Jared I. Mayer, "Bankruptcy's Equity Canon," *American Bankruptcy Institute Law Review* 30, No. 2(2022): 238-241.

观价值决定，因而可理解为担保权“追及至代位物”。[①] 从该条的目的解释出发，法律作此规定的原因在于，担保权人若不就转让价款提前受偿，很可能在实现条件成就时获得远低于设定担保时的清偿，违背了当事人的意思自治和诚信原则；且动产本身易于移动，担保登记系统“人的编成主义”不可能记载动产实时地理位置，[②] 实际操作中很可能存在担保权人追索担保物困难，而追索价款相对容易的局面，[③] 立法从平衡当事人利益的角度作此物上代位规定。从该条的法律效果来看，尽管担保权人具有主张担保权追及效力和价金的物上代位两种请求权，但二者之间是非此即彼的请求权竞合关系，一般情况下仅得主张其追及权，唯在转让可能造成担保权损害的情况下，才能主张价金物权代位，且二者行使以担保债权为限，不会导致过度保护问题。因此，只要转让可能损害担保权，别除权人即可依据该条规定主张价金物权代位。从域外经验来看，美国法上也就动产抵押物转让提供这两种救济路径，既可单一行使追及权或代位权，也可同时主张，但不得获得超过被担保债权的清偿。[④] 这与我国规范目的与救济路径具有相似性，解释上可予参考。

《最高人民法院关于适用〈中华人民共和国企业破产法〉若干问题的规定（二）》第32条明确规定代偿取回权，未同时规定代偿别除权。然简单推演可知，代偿取回权以所有权为权利基础，代偿别除权以担保物权等为权利基础，二者基础权利均为物权并享有相应代位效力，区别仅在于代位权行使的具体内容。德国法上虽也仅规定代偿取回权，但代偿别除权已是可直接类推适用的权利。[⑤]

---

① 高圣平：《民法典担保制度及其配套司法解释理解与适用》，中国法制出版社2021年版，第639页。

② 参见高圣平：《最高人民法院民法典担保制度及其配套司法解释理解与适用》，中国法制出版社2021年版，第647-648页。

③ 参见张素华、李鸣捷：《论动产抵押物转让中“收益”物上代位的实现》，载《社会科学》2022年第2期。

④ See Willian H. Lawrence, William H. Henning and R. Wilson Freyermuth, *Understanding Secured Transactions*, 5th ed, New Providence, NJ: Matthew Bender & Company, Inc. 2012, p. 252-253.

⑤ 参见［德］乌尔里希·福尔斯特：《德国破产法》，张宇晖译，中国法制出版社2020年版，第220-221页。

日本学者石川明也指出，别除权的效力应及于标的物的代位物。[①] 在代位物的范围考量上，《民法典》虽仅规定了价金作为代位物，但商业实践中担保物出售所得的收益形式越发多元，《联合国国际贸易法委员会动产担保交易立法指南》即点明，动产担保物权的价值范围应包含任何可识别的收益，[②] 该收益包括由担保物获得的任何有价值的收获，且可无限延续与扩展，[③] 涵盖收益的收益、天然孳息和法定孳息等。[④] 这一收益的延伸以担保财产价值的恢复为限，因而对代位物的性质和范围作目的上的扩张解释并无不妥。

（二）破产撤销权的合法性检验

从让与担保的特性来看，其以形式上移转所有权的方式设定担保，很可能在“出让”时无合理对价；以登记或交付作为生效要件，常存在登记设立的时间认定问题。是否构成“以明显不合理低价进行交易”和“事后担保”的撤销事由，需逐一分析说明。

第一，是否构成以明显不合理的低价进行交易。事实上，债务人与债权人之间达成的让与担保合意，是彼此之间对于借款与成本、风险与收益的综合考量和双向选择，符合资本市场的经济效率追求。[⑤] 股权与动产让与担保的灵活运用，很多时候正是出于中小微企业融资难的考虑。[⑥] 因而，某些看似不合理的低价所传达的是与风险等值的经济合理性。在此背景下，对于不合理低价的评判事实上是要求主观要件的，只是立法时为强化债权人整体利益保护而将主观判断客观化。[⑦] 最高人民法院在合理性判断中指出的“债务人与相对人的关系”“交易动

---

① ［日］石川明：《日本破产法》，何勤华、周桂秋译，中国法制出版社2000年版，第82页。

② See United Nations Commission on International Trade Law, *UNCITRAL Legislative Guide on Secured Transactions*, United Nations, 2010, p. 98.

③ 参见潘琪：《美国〈统一商法典〉解读》，法律出版社2020年版，第598页。

④ 参见《联合国贸易法委员会动产担保交易示范法》第2条第（bb）款的规定。

⑤ 参见许德风：《破产法论——解释与功能比较的视角》，北京大学出版社2015年版，第288-307页。

⑥ 参见徐式媛：《非典型担保融资的法律问题》，载《中国金融》2014年第8期。

⑦ 参见李永军等：《破产法》，中国政法大学出版社2017年版，第77页。

机与目的”与“支付能力”“交易环境”“经营范围”等参考因素，也反映了主观之于客观的交互补充。[①] 且让与担保实现时以变价清算、优先受偿为限，并不会导致债务人财产的不合理流失。

司法实践中，也存在当事人约定以1元价格转让100%股权的情形，尽管价格与对应价值悬殊，但最高人民法院仍以真实的担保意思认可了这一股权让与的别除效力。[②] 举轻以明重，只要股权让与担保符合公示标准，担保权人已享有形式上的所有权，相较于股权质权，其享有的优先受偿权更应受到破产程序的保护。[③] 但也有法院在查明担保权人已就债务人其他财产设立担保时，认为“若再以涉案股权提供担保，相当于以大部分优质资产担保单独债权，可能导致普通债权人利益受损”，支持管理人对该股权让与予以撤销。[④] 由此可见，担保财产可能影响债务人财产的整体价值与处分方式，还会受到与担保债权数额相匹配的适度性检验。但笔者认为，规范手段应与其目的、效果相适应，通过明确变现权主体、适当强制收回，也可达到利益平衡的结果，以超出担保债权数额为由运用撤销权，不仅越过了法律所界定的可撤销边界，且有损当事人担保合意所蕴含的交易安全与诚信价值。

第二，是否构成事后担保。债务人在可撤销期间为债务新设担保，将使特定债权人获得额外优惠清偿，属于偏颇性清偿行为。[⑤] 由于让与担保以适当的公示

---

① 参见最高人民法院民事审判第二庭编著：《最高人民法院关于企业破产法司法解释理解与适用》，人民法院出版社2017年版，第210页。

② 参见港某集团有限公司诉深圳市国某投资控股有限公司合同纠纷案，最高人民法院(2016)最高法民申字第1689号民事裁定书。

③ 参见黑龙江闽某投资集团有限公司诉西某钢铁集团有限公司民间借贷纠纷案，最高人民法院(2019)最高法民终133号民事判决书。

④ 参见深圳市金某集团有限公司管理人诉深圳天某泰格科技有限公司破产撤销权纠纷案，广东省高级人民法院(2017)粤民终2872号民事判决书。

⑤ 参见李永军等：《破产法》，中国政法大学出版社2017年版，第96-97页。此处所指偏颇性清偿行为，不包括破产的债务人为他人债务提供物权担保，该行为不能适用事后担保规则予以撤销。因为债权人并非债务人的债权人，债务人的对外担保行为并没有造成自己破产债权人之间的不公平清偿。但仅靠代位求偿权也难以解决问题，因为在担保人代债务人清偿时，往往债务人已丧失清偿能力，虽然可以行使代位求偿权，但其权利实现的可能性很小，所以将其解释为可撤销的无偿行为更为合理。参见王欣新：《论“对没有财产担保的债务提供财产担保”行为的认定》，载《人民法院报》2016年1月27日，第7版。

完成为构成要件，即让与担保的登记是生效要件，不存在担保设立与对抗时点相分离的问题。然让与担保的登记也常不与借款同时发生，造成了让与担保构成事后担保的撤销可能。

总体而言，存在以下三种借款与担保成立的关系可能性：其一，若当事人在借款合同中约定了让与担保，且在合同生效后的合理期间内进行公示，此时担保确因借款而生，二者互为对价，属于《企业破产法》第 32 条“清偿使债务人财产受益”或称“同时交易”的偏颇性清偿例外，自不应撤销。法律借此保护濒临破产的债务人同时交易的能力，也适当平衡了担保权人的交易安全。[①] 其二，若当事人约定同时提供担保，但未在合理期限内办理登记，则视为债权人已赋予债务人以“信用”，相应地应承担超出登记期限的无财产担保风险，再于破产临界期内进行让与担保登记，就可被视为偏颇清偿而撤销。[②] 其三，若当事人是在借款后由于新发现的信用风险等补充约定让与担保并登记，则债权人在放款时并未以提供担保作为前提和对价，如权利移转的登记在破产临界期内，则该补充担保将落入可撤销的偏颇性清偿范围。

上述第二种情形之所以引入“合理期限”，主要是因为办理登记本身需要时间。期限如何可谓合理，事实上取决于当事人的主观意愿和客观情况，如受制于交易流程或由于债务人的不配合导致迟延登记，则应考虑相关流程和配合办理的时间作为合理期限；如债权人自身怠于行使权利或有意保持让与担保的秘密状态，则应认为对债务人的授信并承受担保被撤销的风险。[③] 实务中保持操作标准的清晰度无疑更有利于统一裁判尺度。美国《破产法典》即规定了 30 日的公示登记期限，只要在基础合同生效之日起 30 日内完成登记，那么借贷与担保就可视为实质性的同时交易；若超过 30 日，则无法受到来自偏颇安全港规则的保护。[④] 长远来看，我们也应从具体实践归纳出合理的宽限期，超出这一时段则推定构成事后担保，同时考虑到诸如债务人不配合、登记机构造成迟延等客观不利

① 参见韩长印：《破产撤销权行使问题研究》，载《法商研究》2013 年第 1 期。

② 参见许德风：《破产法论——解释与功能比较的视角》，北京大学出版社 2015 年版，第 404-405 页。

③ 参见任一民：《既存债务追加物保的破产撤销问题》，载《法学》2015 年第 10 期。

④ 11 U. S. C. § 547 (e) (2).

情况，允许债权人反证个别登记时点的实际合理性。

四、让与担保别除权实现之程序机制

在破产领域内，让与担保权人所获所有权的价值，可能远超所担保债权的价值。在担保物权本身已稀释无担保债权人受偿利益的情况下，法律不仅应将担保权变价获偿的数额控制在担保债权范围内，还应从程序上保证变价的公平性、价值的最大化，并在必要时启动标的物的强制收回制度。

（一）赋予管理人变现权

在担保人未破产时，让与担保的实现方式较为灵活，据《担保制度解释》第68条之规定，存在折价、拍卖与变卖等变价方式。相较于以公开竞争出价保证公平性的拍卖程序，折价与变卖因私密性更强，可能存在暗箱操作等不公平现象。故《企业破产法》第112条规定，除债权人会议另有决议外，原则上破产财产的变价方式仅限于拍卖。结合该法第109条担保财产属于破产人财产之定性，可解释出让与担保权人也应以拍卖方式变价受偿。

事实上，不仅担保权人实现优先受偿的方式受限，其变现权也不似普通程序中可即时行使。如重整程序中，让与担保权的行使自动中止，担保权人的变现处置行为受到来自管理人或债务人判断的限制。① 从我国将担保财产划归为债务人财产的一类，管理人负责接管债务人财产的职权来看，担保权的实现事实上受破产管理人统一安排和处置的影响。这在理论与实践中均具有合理性：一方面，从变现权行使的功能与效果来看，其应有利于担保财产的价值最大化。尤其是在担保物价值显然高于所担保债权额时，超额担保的担保权人往往仅考虑自身尽快受偿，不利于寻找价值最大化的时机。且标的物不乏可为破产企业继续经营所用的情况，由管理人统一管理并变价更有助于财产整理利用和价值的实现。② 另一方

① 参见王欣新：《论破产程序中担保债权的行使与保障》，载《中国政法大学学报》2017年第3期。

② 参见许德风：《论担保物权在破产程序中的实现》，载《环球法律评论》2011年第3期。

面，从破产实务的程序与便利性来看，变价权应以契合整体程序要求、便于程序顺利推进的方式行使。别除权人作为一类有物权担保的债权人，根据《企业破产法》第49条与第56条第2款之规定，也应依法申报债权并说明担保情况，并经管理人审查、核实，管理人根据财产情况，即使因为债权人行使破产别除权而依法处置财产，亦可根据财产的功能与作用，同其他相关财产一并进行处置，否则既不利于管理人工作的有序高效开展，也会使本能整体处置的财产因支离破碎而价值贬损。[①]

尽管破产申请受理后，别除权的行使应经申报、审核等破产程序的统一安排，但我国并未明确规定变现权的行使主体，也仅将变现方式限于公开拍卖。比较破产经验较为丰富的美国与德国，或许可从中得出让与担保的变价方案。美国法上，管理人或债务人除拍卖外，还可在事先约定有“债权人出售权”条款的情况下，直接通过市场将标的物出卖变现；担保债权人可依偿债申请设定清偿期供债务人履约，期限届满后直接取得该抵押物的所有权。[②] 可见，司法拍卖并非唯一方式，且存在着类似折价、变卖等多种处理方式，只要有利于财产价值的最大化实现，都应有适用的余地。德国法上则规定，法院在综合管理人申请与债权人理由后，可为债权人划定变现期限，若债权人未在该变现期限内自行实施，则管理人有权予以变现。[③] 德国破产立法的变现权分配，较为妥善地规范了担保物权在破产程序中的行使，兼顾了别除权优先获偿的效果与破产程序公平清偿的要求。

基于前述让与担保事实上受破产程序统一安排与管理人一并处理的约束，以及其于担保财产价值最大化之实现、清理整合工作便利推进等方面的合理性，我国也应明确行使变价权的主体原则上为破产管理人，同时对别除权人优先受偿权的实质效果予以认可和保障。当前我国的破产变价以拍卖方式为主，由于其往往耗时久、成本高，难以确保担保财产价值得到最大程度实现。或可为管理人提供

---

① 参见贺小电：《破产法原理与适用》，人民法院出版社2012年版，第383-385页。

② 参见许德风：《破产法论——解释与功能比较的视角》，北京大学出版社2015年版，第322-323页。

③ 参见《德国支付不能法》第165条至第168条、第170条、第172条至第173条的规定。

折价、变卖等多种处理方式，以获取更佳的变现价格。[①]

（二）确立标的物强制收回制度

破产案件启动时，破产财产可能正处于他人手中，如特定物上存在质权、留置权以及移转占有型让与担保。同时，这一财产也不属于我国《企业破产法》第17条所规定的财产持有人应向管理人交付的财产内容，担保权人在尚未获得优先清偿时所占有公示的担保权仍应得到承认和保护。[②] 但现实中，担保物价值可能远超担保额，也可能对债务人财产整体影响甚巨，因而管理人有必要取回占有并进一步利用。移转占有作为动产担保的设立要件，占有的取回同时也意味着担保权的消灭，因而不可避免地面临担保权人利益保护问题。

我国《企业破产法》第37条针对担保标的物的取回作出规定，明确管理人可以根据实际情况行使“商定”的职权，通过清偿债务或者提供为债权人接受的担保，取回质物、留置物。[③] 让与担保应可参照适用，如担保权人出于过度担保等理由不积极履行保管义务，导致担保物存在价值减损甚至毁损灭失的风险，或与债务人其他财产集中管理和处分更有利于价值最大化时，由管理人判断该取回条件的合理性，并依法向债权人委员会或法院报告该取回方案。[④] 这一规定要求替代担保必须为“债权人接收”，实质上未赋予管理人强制收回担保物的权利。所谓“债权人接收”，是以债权人的主观意愿取代客观的判断标准，额外增加了担保物取回的难度，[⑤] 缺乏破产法对不同主体意思自治再调整的强制力。不同的是，美国法上允许管理人在担保权人利益得到充分保护的情况下，强制要求

① 参见许德风：《破产法论——解释与功能比较的视角》，北京大学出版社2015年版，第336页。

② 参见王欣新：《论破产程序中担保债权的行使与保障》，载《中国政法大学学报》2017年第3期。

③ 参见最高人民法院民事审判第二庭编著：《最高人民法院关于企业破产法司法解释理解与适用》，人民法院出版社2017年版，第298-299页。

④ 参见最高人民法院民事审判第二庭编著：《最高人民法院关于企业破产法司法解释理解与适用》，人民法院出版社2017年版，第301页。

⑤ 参见陈本寒、陈英：《破产重整中有担保债权行使问题之检讨》，载《甘肃政法学院学报》2011年第2期。

其归还担保财产,[①] 以实现破产法上最大价值与公平清偿的特定功能。其中要求归还的前提是管理人具有使用、出售或出租特定财产的可能性，且应保证担保债权人的财产利益得到充分保护，以免受破产案件导致的“价值的减少”。[②]

应当注意的是，“充分保护”所保护的并非破产法外执行可获得的、与当事人合意结果分毫不差的期待利益，而是其期待利益在破产法目标实现过程中的替代方案。《美国破产法典》第 361 条规定的现金清偿、替代担保以及其他价值等同的充分保护方式，可丰富完善我国提供等价清偿与担保的解释。[③] 而在测算减损风险时，既要考虑延迟变现导致的损失与可补偿的范围，也要受到破产法风险共担下的限制。一方面，担保财产的价值减损应理解为管理人或债务人占有、使用等造成的损耗折旧与损害危险，应当由管理人就该价值减损补偿。与此不同的是，纯因市场波动导致的价格落差，别除权人应承受基于企业挽救及公平清偿下的市场风险与机会成本。[④] 另一方面，担保财产在延迟期间的利息补偿应以担保财产价值为限，并在集体清偿比例有限的情形下让渡部分孳生利益。例如，德国法上别除权暂停行使，伴随着支付债权人在第一次债权人会议后所担保请求权的持续利息,[⑤] 且由担保权人自行承担 3 个月利息损失的风险,[⑥] 以公益与私益的平衡为企业破产提供良好外部环境。

五、股权让与担保别除权实现之特殊性

除前述让与担保别除权共性问题外，以股权作为担保权利的让与担保还应结合公司的组织性以及股权的复合性加以理解。在担保权人破产场合，担保权人的

---

① 11 U. S. C. §542(a)

② 参见［美］查尔斯·J. 泰步：《美国破产法新论》（第 3 版）（上册），韩长印、何欢、王之洲译，中国政法大学出版社 2017 年版，第 331 页。

③ 11 U. S. C. § 361 (1) (2) (3).

④ 参见［美］查尔斯·J. 泰步：《美国破产法新论》（第 3 版）（上册），韩长印、何欢、王之洲译，中国政法大学出版社 2017 年版，第 335-336 页。

⑤ 参见［德］乌尔里希·福尔斯特：《德国破产法》，张宇晖译，中国法制出版社 2020 年版，第 215 页。

⑥ 参见《德国支付不能法》第 169 条的规定。

债权人能否因信赖名义股东的工商登记将标的股权列为破产财产？标的公司破产时，受让股权的担保权人作为名义股东，应否承担相应的资本充实责任？其受偿地位为何？这些问题均因股权的特殊性有待回应。

（一）当事人一方破产时债权人的受偿地位

1. 债务人破产：别除权人优先受偿

在我国民法体系认可让与担保物权效力的背景下，债务人破产，作为担保权利的股权仍属于其责任财产，担保权人享有债权额度内的优先受偿权。当事人为获得融资，常约定为附有回购义务的股权转让。债务人在履行回购义务前进入破产程序，管理人将面临对一个未履行完毕合同作出解除或继续履行的选择，但无论是解除或继续履行，管理人均事实上要为之履行回购亦即优先清偿的义务。[①] 应当说明的是，尽管法律禁止流质条款，但在合同中预留清算方式的情况下，也不应一概否定“以股抵债”的约定效力，因其并不属于法律禁止债权人暴利盘剥行为的规范射程之内，管理人在破产程序中可选择按约定方式或其他方式清算。只要存在“多退少补”、抵偿价格的条款等自主清算方式，[②] 或在清偿期届满后签订股权估值的补充协议，[③] 均应认定为约定了清算义务，管理人基于财产价值最大化的判断，可在依约定方式抵偿或重新估值拍卖、变卖等路径中作出选择。

管理人在变价股权时，可针对股权的不同类型采取恰当的清算方式。若为充分竞争机制下已形成适当市场价格的上市公司股权，归属清算更能避免资源与成本浪费；若为非上市公司股权，则采处分清算更有利于公平交易，也更契合破产程序中担保物权的一般变价思路。[④] 管理人可出于担保财产价值最大化的考虑作

---

① 参见李志刚：《股权让与担保的多维透视与法律适用》，载《法律适用》2021 年第 5 期。

② 参见赵某杰诉倪某林、林某快等合同纠纷案，浙江省瑞安市人民法院（2016）浙 0381 民初 6585 号民事判决书。

③ 参见陈某兵诉王有斌股权转让纠纷案，江苏省南京市中级人民法院（2014）宁商终字第 397 号民事判决书；深圳市奕某贸易有限公司、侯某宾诉深圳兆某集团有限公司等合同纠纷案，最高人民法院（2018）最高法民终 751 号民事判决书。

④ 参见高圣平、曹明哲：《股权让与担保效力的解释论——基于裁判的分析与展开》，载《人民司法》2018 年第 28 期。

出选择，不必限于传统拍卖形式徒增成本和程序限制。

2. 债权人破产：享有股权或别除权

有观点认为，债务人破产，股权受让人仅以担保权人地位享有变价受偿权；担保债权人破产时，其也应仅就受让股权享有别除权，而非基于名义股东身份将股权纳入责任财产。否则，当事人的法律地位与利益关系仅因破产主体的不同而反复滑向天平的两端，将造成对担保权构造的实质破坏，交易关系的稳定亦无法维护。亦有观点认为，基于《公司法》第 34 条和第 56 条的规定，股权经登记具有对抗第三人的效力，具备可资信赖的商事外观，受让人的债权人出于对股权登记的信赖应可对抗仅据内部协议实质享有股权的出让人，将股权列入破产财产范围。

但所谓可信赖的商事外观是否适用于非交易的相对方——股权受让人的债权人不无疑问。首先，肯定的观点将股权登记与债权人的信赖直接关联，这本身不符合商事外观主义的主旨与目的。莫里茨·韦斯特帕赫尔（Moritz Wellspacher）在 1906 年首次提出外观主义理论时即将其内涵限定在行为人“为法律行为时”对某一事实的信赖之上，① 首要与实质目的在于保护交易安全。由此，外观主义的运用领域并非无限，而是原则上适用于交易场合，仅基于法律行为的物权变动才得对行为外观赋予合理信赖。② 王泽鉴先生亦认为，从法律目的、文义及体系等方面综合解释，第三人应特指实施法律行为的物权的享有者，不包括债务人的普通债权人。③ 原因在于，仅物权具备优先于一般债权的排他效力，普通债权人无对抗第三人的能力。④ 因此，名义股东的债权人无从依据债权本身，排除实际股东对股权的实质所有权，即便认为实际股东享有的并非股权而是清偿债务、回复股权的债权请求权，其与名义股东的债权人之间依然为“债权对抗债权”的

① 参见高金松：《空白票据新论》，我国台湾地区五南图书出版公司 1986 年版，第 57 页。

② 参见崔建远：《论外观主义的运用边界》，载《清华法学》2019 年第 5 期。

③ 参见王泽鉴：《民法学说与判例研究（一）》，中国政法大学出版社 2009 年版，第 103-104 页。

④ 参见毛海波：《〈民法典〉框架下司法对外观主义理论的精准把握与限缩适用》，载《法律适用》2021 年第 9 期。

关系，与登记的公信效力无关。[①]

其次，就事实而言，债权人难谓就名义股东所享有的“股权”产生责任财产的信赖。须知责任财产本身处于变动状态，即便借款当时债务人享有股权，也难保其后不将股权出让或用于偿还某笔债务。除非再设立股权质权等，名义股东债权人的质权优先于实际股东的回购债权，此时实际股东自然承担股权被无权处分并善意取得的风险。相比之下，债权人在担保形式的选择上具备优势，法律既承认让与担保，便不应在外观上苛求实际权利人。

最后，外观主义的运用离不开对交易安全与实体正义的双重考量，二者之间是利益衡平的结果。外观主义本身是法律基于特定理由例外地赋予交易外观的合理信赖，是在尊重意思自治前提下的特别矫正，法律在调和交易安全与真实物权人的利益时依然谨慎把握外观主义的尺度。[②]《民法典》第311条仅将善意取得限于交易引发的物权变动并附加价格合理、移转占有或登记等成立要件。《九民纪要》亦点明外观主义并非法律原则，在适用时应援引具体规则或以规则设定的条件为基础参照适用，且限定适用范围于交易行为之中，避免外观主义的泛化和滥用。

（二）标的公司破产时担保权人的受偿地位

1. 股东权利与资本充实义务

股权的特性之一在于股东法定的出资义务，在标的公司陷入破产且股东出资义务加速到期时，名义股东是否应承担实际股东的瑕疵出资责任与补充的连带清偿责任？据前文所述，既然担保债权人之债权人被排除在外观主义的保护范围之外，按照利益衡平法则，也不应为保护标的公司债权人的信赖外观增加担保权人的出资责任。最高人民法院在《担保制度解释》第69条亦持此立场，标的公司或公司债权人不得要求作为名义股东的债权人承担瑕疵出资、抽逃出资等补充责任。

---

① 参见张亮、孙恬静：《案外人执行异议之诉中债权人与隐名股东保护的价值衡量——兼论商事外观主义在强制执行程序中的运用边界》，载《法律适用》2021年第8期。

② 参见崔建远：《论外观主义的运用边界》，载《清华法学》2019年第5期。

然亦有相反观点，主要依据是《最高人民法院关于适用〈中华人民共和国公司法〉若干问题的规定（三）》（以下简称《公司法解释（三）》）第18条有关受让瑕疵股权的股东与第26条有关股权代持中名义股东的责任。但从股权让与担保的法律性质来看，所谓受让股权仅仅是“形式上”，并无第18条移转股权的真意与效果。而第26条所规范的代持股情形，是在内部隐名投资协议的基础上，由名义股东行使股权，实际出资人享有投资权益。[①] 该权利的区分表明，实际出资人的身份日常并不显露于外，也不参与公司经营管理，这与《公司法解释（三）》第24条第3款可相互印证，除非实际出资人完成了“现身”机制，否则不具有股东身份和权利。[②] 此种情况下，名义股东实际行使股东权利，在对外关系上承担相应责任是权责一致的体现。且依代持股名义股东与公司的最初约定，名义股东本身即负有对公司完全履行出资的义务，其与实际出资人的内部约定不得对抗第三人。[③]

股权让与担保显然与股权代持有所差别，尽管当事人可能约定名义股东享有公司重大决议的表决权，或担任公司监事等发挥某些重大项目的监督作用，但从债权融资的手段与目的上看，债权人大概率只是出于对投资款的使用状况进行监督，避免信息不对称损害自身利益。大量金融机构作为让与担保权人，也表明其并不具有参与经营管理的时间与能力，现实行使股权的主体仍为实际出资的债务人。且在以有限公司为主的股权让与担保中，当事人欲实现变更登记，须履行向公司与其他股东的告知义务，如此担保关系双方与公司达成三方协议，名义股东仅作为公司认可的股东的担保权人，在无特别约定并经公司同意时，不得行使股东权利。[④] 担保权人扮演公司股东、参与公司事务的地位被极大弱化，相应地作为担保债权人也不必被苛责承担股东出资责任。

但在担保当事人未向公司披露担保目的，受让人依约在公司直接行使股东权

---

① 参见最高人民法院民事审判第二庭编著：《最高人民法院关于公司法解释（三）、清算纪要理解与适用［注释版］》，人民法院出版社2016年版，第408-409页。

② 参见李建伟：《公司法学》（第四版），中国人民大学出版社2018年版，第224页。

③ 参见高圣平、曹明哲：《股权让与担保效力的解释论——基于裁判的分析与展开》，载《人民司法》2018年第28期。

④ 参见司伟、陈泫华：《股权让与担保效力及内外部关系辨析——兼议〈民法典担保制度解释〉第68条、第69条》，载《法律适用》2021年第4期。

利时，类似代持股情形，要求其承担资本充实责任不会引发权责不平衡之矛盾。针对实务中让与担保合同赋予担保权人的股东权利，还应结合其是否实际参与公司事项表决与经营管理进行判断，若内部约定未付诸实践则无行权并披露的实质效果。① 因而，担保权人原则上不负标的公司资本充实之责，除非其在获公司认可的同时实际行使股东权利。

2. 以股权价值或债权比例受偿

债权人受让的股权标的公司破产，将造成该股权价值趋近于零，债权人就此股权享有的担保利益严重受损。在标的公司非债务人的情况下，担保权人仅能以其股权价值优先受偿，而不能作为公司债权人获取破产财产上的清偿利益。因此，标的公司破产后的清偿顺位是：其债权人有权对公司财产优先受偿，如有剩余，再用于计算该股权的剩余价值。债权人尽管无法就担保财产价值充分获偿，但其与债务人之间的借款合同、与担保人之间的股权转让合同以及其中的回购约定仍然有效，只是股权回购原先属于互负对价义务的双务合同，经此破产风波变为债务人近乎单方支付价款的合同。

另一类需特别说明的情形是，公司以自身股权为公司债务提供让与担保，此时标的公司同时身为债务人，担保权人身兼名义股东与债权人双重身份。就前述担保权人相对于债务人债权人、自身债权人、标的公司债权人的法律地位而言，原则上不因名义股东的外观享有完整股权、背负出资义务，此时名义股东的外观也不应影响其作为一般债权人就其债权申报并受偿，标的公司需为其债务承担最终的清偿责任。如此，标的公司为债务人的情形，担保权人仅可以其债权比例公平受偿。

六、结论

《民法典》与《担保制度解释》的新规认可让与担保的优先受偿效力，由此在破产程序中，让与担保权人得行使别除权。但担保物权与破产的制度目标不

① 参见钱进、钱玉文：《股权让与担保的法律构成及效力建构》，载《河南财经政法大学学报》2022 年第 1 期。

同，别除权的实现效果与方式应受破产法检验规范。在实体效果方面，其一，让与担保权人应能就损害担保利益的担保物转让行使代偿别除权，并适当扩张解释代位物的性质与范围；其二，“以明显不合理低价进行交易”不应成为撤销的理由，而事后担保应区分借款与担保成立的关系并引入“合理期限”加以判断。在程序约束方面，其一，应明确由管理人行使变现权，允许管理人在拍卖外以折价或变卖的方式出售；其二，确立标的物强制收回制度，并充分保护担保债权人的财产利益。针对股权让与担保的特殊问题，应明确债务人破产时，担保权人可行使别除权；担保权人破产时，亦享有股权的优先受偿权，其债权人不得以登记外观将股权列入破产财产。标的公司破产时，名义股东通常不承担瑕疵出资与补充的连带清偿责任，且只能就股权剩余价值受偿；若标的公司同时为债务人，则担保权人仅可依其债权比例公平受偿。

法学教育
fa xue jiao yu

人工智能时代的法学教育与研究：意大利经验

安德列亚·卡里奇*

张雨乔**　翁武耀***　译

摘要：在法律领域，人工智能大有可为，可用于简化税收管理方式、设计交易方案、提供诉讼策略等。预测正义是人工智能在司法中的全新应用，基于先例预测判决结果，将改变传统的司法模式，有利于减少诉讼数量、提高司法判决的一致性。但是，预测正义会加固历史法律数据中存在的偏见，加剧不平等。预测正义本质上是对于先例的重复，在大陆法系国家的应用会受到限制。要实现人工智能自主判决，则需要法官按照模式化标准起草法律文书，存在法律系统僵化的风险，容易陷入对于先例的无尽重复，阻碍创新和批判性的法学研究。在法学教育中，人工智能是帮助法科学生进行法律检索和提升专业能力的有效工具。目前，博洛尼亚大学法学教育中人工智能的应用仍然处于边缘位置，传统的教科书和考试模式占据主流。未来，可以将人工智能融入法学教育，让法学教育保持活力。

关键词：人工智能　算法　法学教育　预测正义　司法模式

* 意大利博洛尼亚大学法学院教授。本文为卡里奇教授于2024年5月16日在中国政法大学主办的第二届“世界法学家论坛”所作的演讲。

** 中国政法大学民商经济法学院经济法学硕士研究生。

*** 中国政法大学民商经济法学院教授。

一、人工智能在法律领域的应用和挑战

在年轻律师的培养过程中，运用人工智能无疑会带来有趣的挑战。但是，这些挑战具体如何有待进一步展开。

当前，让法科学生掌握数据分析、编程和理解人工智能算法的技能，越发受到重视。这些技能对于律师有效操作人工智能工具、领悟人工智能系统带来的法律影响也至关重要。

毫无疑问，在税收领域应用人工智能会带来巨大的变化。一种关于彻底简化税收管理方式的设想，因为人工智能的应用而成为可能。人工智能有能力检查纳税申报表，甚至可以在检查申报表之前，及时、准确地提交申报表，使得所有的税收法律可以得到完美执行而没有人为错误。

机器学习算法可以识别文档中的格式异常和条款异常，从而节省时间并减少人为错误的出现。人工智能技术尤其适合应用于那些既费时又费力的大规模人工审查。同样，人工智能技术将会使得人为干预的空间逐渐减少，人为干预仅仅在准备合适算法的阶段是必不可少的，一旦合适的算法准备就绪并开始运行，人工智能就可以直接处理纳税申报表并对其进行检查。不仅如此，在税收领域更为复杂的事项中，如税收筹划、非常规操作和合同管理等方面，人工智能可以大有作为。

人工智能可以在顷刻间访问大型数据库并从中筛选内容，从而提供解决方案，即便是基于判例法和过往实践的解决方案也一定会被证明是可靠的。如果要开展一个比较常规的交易（通过剥离股权的方式进行商业分配，在某个确定的域外国家设立导管公司），而交易的适当措施尚未实施，则人工智能可以一种全局的方式，分析目前该交易可能产生的效果。在最复杂的操作中，虽然由于部分商业操作尚未在实践中得到认可，人工智能不能寻找到答案，难以对整个交易的结果作出贡献，但是人工智能可以对于操作的各个片段作出宝贵的贡献。

人工智能可以在诉讼管理中作出重要贡献。人工智能可用于预测案件结果、诉讼策略，甚至可以根据历史数据来预测司法行为。通过分析过往的案件和法律趋势，机器学习算法可以提出一些观点，这些观点可能会帮助律师就案件策略和

和解谈判作出更明智的决定。在这方面，因为人工智能在判例法数据库中筛选的能力，找到关于某些问题最重要的先例和指南是很容易的。正是因为人工智能的大量使用，人们开始谈论预测法学是毫不奇怪的。

二、预测正义作为一种新的司法模式

数字技术已经在司法领域得到多种形式的应用，事实上，司法领域已然经历了多个层面的数字化。在此，我们只需回顾一下收集立法和先例的数据库、经认证的电子邮件和数字文件是如何广泛和普遍应用的就足够了。

与此同时，这确实仍然是对数字工具的一种相当粗放的使用，从根本上说，这种使用方式只是传统类比模式的一种演变：判例法数据库取代了人名地址录和诉讼登记册，电子邮件认证（PEC）取代了纸质通知，远程档案取代了传统的纸质档案，没有增加也没有减少。简言之，如今的数字技术只是传统司法的一种进化工具。

然而，随着预测正义的出现，司法模式将完全改变。事实上，随着人工智能的出现，将出现一种不再仅仅用来更快地完成模拟任务的工具，而是本身成为程序设计者和解决方案来源的工具。实际上，预测正义不再仅仅是司法中一种数字技术的应用，这种应用仍然是一种模拟，只是速度更快、效率更高；相反，预测正义代表了一种全新的司法模式，一种管理方式不同的司法模式。

传统上，预测正义被理解为通过综合利用数据库和算法对判决结果进行预测的工具。当然，这意味着以一种全新的方式来设想算法的运作：不是根据搜索关键词来搜索判决和/或文件，而是根据先例和/或文件来得出完善的答案。因此，数字工具的作用是主动的，而不再是被动的，不再是搜索而是处理。很明显，数字工具的作用完全改变了，因为算法的使用是以积极的方式来构想的，算法的处理结果可以补充判决的内容从而补充法官的推理，而不仅仅是被动地处理信息。

为此，算法的功能就变成了在众多案例中寻找相似和/或相同之处，其理念是，通过这种方式，得出的相同结论能够以理想的统计学规律的方式再现，从而使得结论可信。简言之，算法的任务应该是寻找案例之间的相似性，而不是解决方案之间的相似性。从本质上看，预测正义背后的理念是，可以根据对先例的正确理解来“预测”判决的结果；显然，这种理念是基于这样一个假设，人们可以在对同样问题的法理回应中窥见一种理想的恒定性。以至于人们通常认为，随着收集和分析先例质量的提高和数量的增加，判决结果的可预测性也会增加。

三、预测正义的理由和批评

预测正义的支持者通常会提到这种工具可能带来的两个好处：减少诉讼、提高司法判决的一致性和统一性。第一个好处是当事人可以预先知道争议可能的结局，从而可能一开始就决定放弃提起诉讼。而第二种好处则是法官在了解先例后，应当遵守先例。这两个好处都体现出对宪法价值的尊重，例如《意大利共和国宪法》第 3 条、第 24 条和第 111 条，甚至，久而久之，预测性正义似乎能够确保对所有人作出相同的反应。

然而，预测正义的支持者倾向于将法律视为一门精确的科学：给出特定的前提，而这些前提指向特定规范的适用，则解决方案必然总是相同的。换句话说，在满足了某一规范的适用条件之后，必须一直有条不紊地、一以贯之地适用该规范。简言之，结果已经写在规范的文本中。

事实上，从事法律工作的人都清楚地知道，规范的适用所遵循的机制大相径庭，很难被简化为一个等式。尽管对于规范有严格的解释标准，但规范的含义从来都不是一成不变的。进一步而言，在给事实定性和选择适用何种规范的过程中，解释也同样不是一成不变的。因此，仍有待思考的是，只有在机器人作决定而非人类作决定的情况下，解决方案才能被模式化处理，从而趋于一致。机器与人类不同，机器无法被说服，从某种意义上说，机器采用的是必需的解决方案；相反，人类可以被说服，从而采纳可能不太符合规范意义但在特定情况下被认为更公平的解决方案。

从本质上看，法律不可能精确适用，至少必须要由人来适用法律的时候，不可能精确适用法律。究其原因，是法律在适用之前，本身就是人类的产物。当法律由机器创造并适用的时候，法律可以并将会精确。如果说由机器创造法律存在什么问题的话，那就是机器不能运用常识，也不能衡量公平，即所有能够减轻法律刚性的（人类）权宜之计（Summum ius，summa iniuria）。从这个意义上说，继续由人类制定和适用法律似乎更可取，因为尽管由人类制定和适用法律并不完美，但仍然是实现正义的工具。

人工智能算法会带来的问题在于，历史法律数据中存在的偏见会被延续下去并放大，导致不公平的结果。如果该问题处理不当，这种偏见可能会导致系统性歧视，并加剧法律系统中已经存在的不平等。人工智能生成的法律研究结果和预测，可能会在质量和可靠性上有所区别，这取决于基础算法的准确性和训练数据的完整性。学生和法律专业人士需要认真评估人工智能生成的观点，并在依赖自动生成的建议时保持谨慎。

四、预测正义的运行

要实现预测正义的最佳运行，需要满足两个条件：一是全面、清晰地收集判例法中的先例；二是开发能够在收集到的不同案例中捕捉到最佳索引的算法。

第一个条件只是实践性的，因为已经有各种收集判例法的数据库（例如，Italgiure 是意大利最高法院判例法的数据库）。问题在于，如何对收集的判例法进行分类，是按（法律）格言检索还是按关键词检索。存在这一问题是因为，如果检索依据的材料也要进行处理，那么就有可能出现与这个处理过程相关的错误（最大化误差，如关键词匹配中的误差），而这显然会影响预测工具的整体运行。

第二个条件，即算法的处理，看上去复杂得多。事实上，预测正义显然不能通过一个简单的先例搜索引擎来实现，而是需要精心设计可变的关键词，从而能够在数据库中检索“最佳”先例。因此，算法首先需要有能力选择区分先例的标准。事实上，不仅要搜索先例，还要对先例精心挑选，即应找到与个案最相关、最具决定性的先例，同时应考虑到相关争议的起因。因此，举例来说，提交给法官的所有争议焦点都必须按照它们的优先顺序（预备的、主要的、次要的）加以考虑，这正是因为必须根据具体案件，而不是以抽象的方式提出解决方案。在这个过程中，算法变得非常复杂，远不止是一个微不足道的搜索引擎。这当然是需要通过预测正义来处理和解决的主要问题。

此外，应当指出的是，如果目标是通过抑制轻率的诉讼，降低诉诸司法的积极性，则是过于乐观，忽视了提起诉讼的原因可能是多方面的，而不必然是为了胜诉（还包括拖延、等待特赦等原因）。如果目标主要是为了实现司法的标准化，即通过强化准则，避免由于不了解先例而产生的所谓无意识的差异，也许一个简单的搜索引擎就足够了，无须复杂的算法，不言而喻，强制要求与先例保持一致存在风险，即有可能彻底改变先例在我们的法律渊源体系中的作用，因为先例将在事实上具有约束力。

五、预测正义和先例的重要性

从根本上看，预测正义似乎由发展先例构成。事实上，算法不应该创造新的解决方案，至多只是在先例中找到最相关的解决方案，而且是在统计学上看似最有可能适用于特定案件的解决方案。预测正义本质上是基于对先例的重复。但是，很显然，以这种方式来理解预测正义，会导致其应用有很大的局限性。

预测正义似乎可以在系列案件和不太复杂的案件中发挥一些作用，在这些案件中（如灾难诉讼），解决方案实际上可以根据先例实现标准化：简单的事实假设，没有太多的变量，适用的规则很少，并且规则的内容相当直接。然而，在这些案件之外，预测正义的应用仍然显得过于遥远和不确定。

当然，即使是在意大利这样的大陆法系国家，司法先例也已至关重要；但是，与此同时，先例最多只能提供一个粗略的指引，由于法官在行使自由裁量权的时候，甚至可能不会被自己作出的先例说服，因此会有意地偏离先例。此外，如今，辩护律师在开庭审理之前已经会根据数据库中收集的先例进行预测评估，以便向当事人说明可能出现的情况，因此，辩护律师可以有意识地决定如何进行诉讼。在此之后，选择进行庭审是受到多种因素影响的：相信大多数判例法所认可的解决方案可能是正确的，这种想法可能是因为所参考的资料来源不完整，也可能是因为相信可以对规范性基准作出新的解读；出于与审判无关的不可告人的原因（例如等待大赦或推迟付款）。总之，根据先例预测结果可能是不够的。不应忽视的是，有效的预测正义应根据不同司法部门以及层级进行区分，因为并非所有案件都是一样的。

预测正义，至少是迄今为止所设想的预测正义，似乎过于依赖先例。在这个意义上，我们可以感受到预测正义的起源，从某种程度上说，预测正义的理想归宿是普通法模式。但是，为了使预测正义适应大陆法系和税收领域，先例显然不能脱离以下一系列的其他变量：多样化的法律渊源（国家的和超国家层面的）以及与之相关的法律原则，都必须受到重视；同样，还必须考虑国内和国际实践、理论学说的作用。这是因为在大陆法系中，仅仅与先例接近/相似是不够的，在任何情况下都需要确保，从法律解释的角度而言，提供的解决方案是更为可取的。因此，在大陆法系中，除了先例之外，自然还应该考虑惯例和理论学说，从而确保提供对规则而言最可靠的解释方案。

最后，不要忽视以下事实，基于先例的预测模型是在稳定的法律体系中发挥作用，即规范性基准没有变化并且可以形成确定的先例链条的情况。然而，法律在不断变化，税收法律亦是如此，寻找先例就变得更加复杂，因为除了案例之间的相似性之外，还必须从历时性的角度（随着时间的演变），建立规范和规则之间的一致性标准。这就是为什么在税法中，预测性正义似乎极难实现。

此外，还存在另一个问题。在意大利，税务诉讼是一个事实审查的诉讼，在这个过程中，目标是作出一项决定，来取代纳税人的陈述和税务局的评估。如果法官认为可上诉行为无效的原因不是程序上的，而是实体上的，则法官不能仅仅宣布该行为无效，而必须依据基础法律关系，审查权利主张本身，据此作出判决，从而使诉讼主张回归正确的范围内，显然是限制在当事人所提出主张的范围内（参见意大利最高法院 2020 年 10 月 5 日的第 21290 号判决）。由此可见，税收争议的结果不可能仅仅是认定不法行为或理由和撤销或认可有争议的行为，还可能是重新确定诉讼主张和罚款的数额。因此，很显然，税收争议中的预测性判决应当包含对于诉讼主张数额定量的价值要素，这一点显然不能留待先例来解决。

六、预测正义的局限性

可以看到，预测正义的运用在很大程度上依赖于先例。而不可避免的是，这种依赖会带来一些弊端。

首先，如上所述，在规范体系不断演变的情况下，预测正义会受到严重限制，税法就是一种很典型的情况。在不断演变的规范体系中，先例的价值自然会被削弱，因为可适用的规则在不断变化。在这种情况下，算法不能只寻找案例之间的一致性，还必须寻找法规之间、之前适用的法规和之后适用的法规之间的一致性，由此算法也能重视基于不同法律形成的先例。

其次，应当考虑法律渊源的多元性，特别是税法中的法源，随之而来的是法院的多元化，这些法院的判决具有不同的先例价值（首先是欧洲法院和欧洲人权法院）。

最后，判例法往往会“爱上”一些随着时间推移将被证明是错误的解决方案，因此基于先例的预测正义模式最终可能会将这些过时的解决方案固定下来。

预测正义是人工智能在司法领域的最新颖和最先进的应用，然而，这并不意味着要靠近预测正义，当然，就法律解决方案的可预测性而言，预测正义承诺的好处似乎颇具吸引力，因为可预测性无疑是确保法律的安定性价值不可或缺的核心要素。然而，预测正义仍有一些未知数，其前景可能令人不安。预测正义能为法官和辩护律师服务多长时间，或反之，预测正义何时会取代法官和辩护律师？如前所述，可以由机器而不是人类来制定精确的法律，因此，如果目标是法律的精确性，就不可避免地要考虑将立法委托给机器。

七、改变法官工作方法的需要

在我们实现机器人法官之前，人类法官很有可能需要适应按照精确的格式进行写作。要实现广泛的、最大程度的（应用）判例法的宏伟目标，以开发出一种能够最大程度地自主作出判决的算法将法官的工作标准化。换言之，有必要确保法官的判决具有某种起草标准，以便软件能够详细地读取宣判。否则，似乎很难想象计算机能够独立处理基本原理。

迄今为止，法官的裁决在起草的形式和复杂性方面都存在极大的差异。未来，与之相反，我们必须设想一种精确的起草标准，按照精确的章节（事实、审理中的案件、法律原则等）阐述，这样算法就能够只去阅读对实现基本原理切实有用的内容。只有这样，才能设想最大程度的自动化。此外，要实现上述目标还要求法官更受约束，他们受限于正规的模式化思维，以确保人工智能够简便地阅读和理解判决。

众所周知，人工智能并不智能。它的功能是找到已有的信息，随后再加工已经获取的经验。人工智能几乎没有创新：它可以很轻易地找到先例、类似案例和具有可比性的情况。但是，它不会寻找现有解决方案之外的其他方案。因此，大量使用人工智能存在系统僵化，陷入对于过去的无尽的重复的风险。当然，还有立法的创新。在这方面，人工智能面临的挑战将会是理解立法创新带来的影响，以及让先例检索适应新的法律框架。但是，风险同样在于，对任何创新的回溯性解读都会占上风。在所有风险中，真正的风险在于法律学说将走投无路。对规范的解释、对判例法和行政惯例的批判性解读，将被前人言论的简单回顾所取代，目的是清除那些尚未在实践中体现的解决方案。

八、预测正义对于税法教学的影响

人工智能的应用当然将会影响教学模式。

人工智能驱动的工具可以快速检索海量法律文本、案例、法规和条例，识别相关先例、趋势和观点，从而极大地推动法学研究。人工智能算法可以分析过去的法律案件和结果，预测未来案件胜诉的可能性。这可以帮助律师和学者作出更明智的决策和战略选择。将来，学生们必须习惯于有效使用人工智能工具来搜索有用的资料。由于人工智能将越来越频繁地出现，甚至在学生们的法律实践中也是如此，因此学生们需要从一开始就熟悉人工智能。

人工智能可以被很有效地用于教授学生以特定方式写作，对使用的术语、句子结构、句法结构的简洁性、论证的有效性设定精确的参数。同样，人工智能可以通过难度不断增加的多次测试，来持续地检验学生的准备情况。不仅是测试，人工智能还可以阅读和批改经过适当标准化处理的试卷，即按照预先确定的格式所书写的试卷，人工智能可以“理解”文章是否写得清晰，是否使用了正确的术语，是否引用了正确的先例，学生是否掌握了解题方法。人工智能工具的大量应用可以用来督促孩子们在课程中学习，以便参加考试。事实上，这也是人工智能可以提供的一种附加价值。

学生们需要习惯于使用人工智能工具，甚至能够根据自己的需要编写适当的算法。当然，他们还必须熟悉数据库，并对其进行精准和批判性的应用。税法的特点是法源十分广泛，既有国内法源，也有国际法源，这就要求学生们熟悉各种数据库，知道在什么时候、以什么顺序查阅哪些数据库。随后，以批判性的方式对待获得的解决方案。

九、博洛尼亚（大学）的经验

在博洛尼亚（大学），我们仍然处于落后的状态。我们采用的是传统的学习方法，仍然以模拟式的教科书和课程结束时的期末题目为教学的基础。但是，这种模式的缺点显而易见。事实上，学生往往只在临近考试时才学习，这对于他们记忆信息的能力造成了有害影响。

（对学生）进行测试，由人工智能系统批改，但人工智能系统仍然是边缘化的。我们或许应该突破传统的教科书模式，使用一种更加模块化的方法：由教授提出一项规则，然后让学生们研究其发展、影响和先例，并公开作报告，由教授指导和引导其阐述。由此，可以尽早地引导学生使用人工智能工具。与此同时，教授的参与应该能够防止钻空子的情况（例如大量使用 ChatGPT），因为这种方式将会督促学生批判性地、有意识地阅读所收集的材料。

无论如何，法学教育必须保持活力，适应人工智能技术的快速发展。这就需要不断评估和更新课程，将新的人工智能工具融入教学实践，并培养起法律专业人士终身学习的能力。

完善商事法律诊所实践教学体系的思考

王　灏*

摘要： 商事法律诊所实践教学的专业性、复合性、国际性对教学体系的设计提出了系列要求，相关的课程设计应当围绕教学方式、教学内容、教学理念等方面进行。当前，我国商事法律诊所实践教学过程中面临着开设课程资金紧张、实践教学水平不高、教师数量不足、课程设置不合理、教学评价体系单一、教材专业性欠缺等问题。未来，我国为构建科学、合理的商事法律诊所实践教学体系，优化整体实践教学效果，应当积极采取下列举措："开源"与"节流"并行，合理规划现有资金用途；提升授课师资能力，加强院校之间的合作；优化课程设置内容，明确教学授课对象；健全教学评价体系，完善评价内容指标；编制专业教学教材，丰富教材实务内容；等等。

关键词： 法律诊所　实践教学　商事法律诊所　课程设计

法律诊所是学生在教师、实务专家的共同指导下，受理真实案件的综合训练法律职业能力的一种教学方式，对于法学硕士研究生专业素养的培养以及未来就业、服务社会大有裨益。中国政法大学高度重视研究生法律诊所教育，于 2021 年 6 月通过并发布《中国政法大学研究生法律诊所课程建设与管理办法》。中国政法大学实践实习课程商事法律诊所（课程号：10002336；学分：5 学分）正是

* 中国政法大学民商经济法学院副教授。

在这样的背景下应运而生的。鉴于商法具有显著的技术性和实践性，教师不能仅在课堂上教授商法理论知识，还需要加强商法的实践教学，因而商事法律诊所课程的设置对于商法领域教学具有重大价值。本文正是在这样的背景下展开研究，遵循“发现问题——解决问题”的思路，深入分析商事法律诊所教学实践中遇到的重点难点问题，并为解决相关问题提出对策建议。

一、商事法律诊所实践教学的内涵解析

法学是建立在经验事实分析基础上的认知法学问题的知识体系，既有理论面向，也有实践面向。法学的实践面向决定了开展法学实践教学的必要性与重要性。强化法学实践教学早已是国内外法学教育达成的共识。法学实践教学是实践教学在法学教学领域的具体运用。实践教学的理论基础是问题式教学理念，即以学生为中心、基于现实世界、以实际问题为导向、采用体验式教学法的教育方式。[①] 法学实践教学与法学理论教学相对立，20 世纪六七十年代，英美法系国家的法学教学开始从纯理论教学向实践教学转型。[②] 法学实践教学是指，以培养应用型法律职业人才为目标，以使学生能够拥有良好的法律伦理素养、获得熟练的法律实务技能、综合运用法学等各学科知识解决法律问题的教学体系，其包括案例教学、模拟法庭、法律诊所实践教学等教学方式。

法律诊所实践教学作为法学实践教学的方式之一，发源于美国宾夕法尼亚大学，距今已有一百余年的历史。法律人的主要职责是为法律问题提供解决方案，其工作理念和执业方式与医生为病人诊断疾病并“开处方”十分相似，因此，法律诊所实践教学是指在教学方式上模仿医学院临床诊所实习而产生的体验式教学法，学生在教师的指导下亲自参与真实的诉讼案件，掌握法律实践技能，并通

① 参见许身健：《实践性法学教育原理与实践探究》，载《实践性法学教育论丛》（第三卷），知识产权出版社 2014 年版，第 59-65 页。

② 参见陈治：《我国法学实践性教学模式的反思与创新》，载《法学教育研究》2012 年第 1 期。

过实践反思现有的法律制度，进行批判性研究。[①] 法律诊所实践教学以学生为主体，提倡尊重学生的主观能动性，使学生成为课堂的主导者。法律诊所实践教学一般由课堂教学与案件代理两个部分构成。在课堂教学部分，教师按照理论基础、实践操作等多个主题，将授课内容进行划分，校内外导师共同授课。教师以小组讨论、案件演练等方式，向学生传授职业伦理与实践技能。在案件代理部分，教师组织学生在固定的地点定期值班，指导学生为当事人提供法律咨询、案件代理等。法律诊所实践教学与其他法学实践教学方式相比，其最大的特征在于具有鲜明的现实性。在法律诊所实践教学中，学生代理尚未审结的真实案件，与当事人直接沟通，梳理复杂的案情，分析疑难的法律问题，体会完整的案件办理流程。对于高等法学院校而言，教师通过开展法律诊所实践教学，使学生获得将法学理论知识应用于解决实践问题的能力，法律诊所实践教学成为法学实践教学的重要组成部分。对于学生而言，在代理真实案件的过程中，学生既可以兼顾实体法和程序法问题，获得融会贯通多个部门法的能力，又可以关注当事人需求、人际关系、文化习惯等社会问题，获得较强的沟通能力与适应社会环境的能力；还可以有效塑造社会正义观和培养公益意识，一举多得。对于社会而言，法律诊所实践教学鼓励学生参与法律援助活动，有助于解决社会法律援助资源供给不足的难题，成为推动实现社会正义的重要途径之一。[②] 正是因为具有前述优势，法律诊所实践教学遍地开花，成为连接校园和现实社会的纽带，在全球法学教育中备受推广。

我国法学教育转向实践教学已有三十余年，并在2000年开启了法律诊所实践教学的本土化尝试。[③] 到目前为止，法律诊所实践教学已经成为我国法学实践教学的主流模式之一。但是，可惜的是，法律诊所实践教学在商法教学领域的适用尚处于探索实践阶段，商事法律诊所实践教学还未形成规模。正如前文所述，

---

① See Drummond O. & Mckeever G., "Access to Justice through University Law Clinics," *SSRN Electronic Journal*, 2016.

② 参见张鹏：《加拿大诊所式法律教育与法律援助的衔接体制研究》，载《法学教育研究》2018年第3期。

③ 参见蔡立冬、刘晓林：《新时代法学实践教学的性质及其实现方式》，载《法制与社会发展》2018年第5期。

当前成熟的法学实践教学方法主要有案例教学、模拟法庭与法律诊所三种模式。关于商法实践教学应当采用何种模式，教师应当根据商法教学的特点作出选择。在现代商事实践中，商事主体不仅需要化解既有的法律纠纷风险，更需要预防并控制日常经营活动中的法律风险，防止法律纠纷的发生。因此，相较于刑法等其他法学学科，商法的教学目标具有复合性，不仅旨在使学生获得解决法律争议的能力，更要使学生掌握为商事主体控制交易成本、设计交易结构、审核交易合同、创造商业价值、出具法律文书等技能。相较于模拟法庭、案例分析等实践教学方法以诉讼案件为中心，侧重于培养学生解决商事诉讼案件的能力，商事法律诊所实践教学具有更大的包容性，教师通过此种教学方式，既可以培养学生解决“诉讼型”商事争议案件的能力，又可以培养学生处理“非诉型”商事交易案件的能力。因此，商事法律诊所实践教学对于提高学生商事法律实践能力具有不可替代的作用，法学高等院校需要进一步推动商事法律诊所实践教学的发展，充分发挥其在复合型商事法律人才培养中的功能。

商事法律诊所实践教学是指在规律性教学活动中，整合现有校内外资源，校内商法学教师与校外法官、检察官、律师、法务人员等实务导师共同授课，指导学生处理商事案件的教学模式，其教学宗旨在于塑造学生的商法思维，使学生能够以商事法律执业人员的视角分析法律问题，提高学生的商事法律检索、沟通谈判、商事法律文书写作等能力。由于商法的独特性，商事法律诊所实践教学具有不同于其他法学学科法律诊所实践教学的特征。首先，商事法律诊所实践教学的内容具有较强的专业性。不同于民法或者刑法的“接地气”，商事活动远离日常生活，大多数学生从未参与过公司运营、投资理财、票据承兑、企业破产等商事活动，也没有见过股票、债券、汇票等商事法律凭证，商法具有高度的专业性，这便使得商事法律诊所实践教学内容具有专业性强的特点。该特点对教师的授课能力提出了较高的要求，在商事法律诊所实践教学中，教师需要运用通俗易懂的语言，向学生清楚地阐释生僻的商事法律术语，解读专业的商事法律条款，解决复杂的商事法律纠纷。商事法律诊所实践教学专业性强的特点也要求学生具备一定的想象力与理解能力。其次，商事法律诊所实践教学的内容具有显著的复合性。商法学与经济学、管理学、金融学等其他学科的知识融合度高。譬如，商事账簿等商法学内容与会计学、财务学等知识密切关联，公司资本等商法学内容与金融学、会计学、财务学等知识密切关联，公司治理等商法学内容与管理学等知识密切关联。学生仅仅学习商法学理论知识难以对商业活动形成系统的认知。在商事法律诊所实践教学中，教师需要具备多学科的知识储备，综合讲解相关专题的理论背景，以帮助学生全面、深入、透彻地理解商事法律知识。最后，商事法律诊所实践教学的内容具有明显的国际性。商业的本质在于营利，商人们为实现营利的最大化，需要突破地域限制，不断开拓市场，向更多的顾客卖出更多的商品以赚取利润。为交易便捷，商人们趋向于创设通用的规则，以降低交易成本，提高交易效率。这便驱动了经济全球化，也推动了全球商事规则的不断融合。例如，世界各国的公司资本制度与公司治理模式呈现出趋同的发展态势。基于此，商事法律诊所实践教学的内容具有国际性特征。在商事法律诊所实践教学中，教师不仅需要讲授我国商事法律制度的历史与现状，还需要介绍该商事法律制度在全球范围内的创新与发展。

二、商事法律诊所实践教学课程设计探索

课程设置是教学活动的指南针，关系到教学质量与效果，影响学生参与法律诊所课程的积极性。合理的课程设置对于商事法律诊所的发展与完善具有重要的意义。教师可以从教学方式与教学内容等多个方面，深入地探索商事法律诊所课程的全新开展方式。

第一，可以采用多师同堂的教学方式。“多师同堂”教学法是指由三位及以上不同研究方向的教师组成教学团队对一门课程进行共同讲授的教学方式。①“多师同堂”教学需要教师合作制定教学计划，在授课过程中保持协作沟通，通过增强教师互动来提高教学效果。“多师同堂”教学一般采取专题化教学，每一专题由不同研究背景的教师负责，分别讲解专题所涉理论和实践问题，分工合作完成全部教学任务。此种教学方式的关键在于组建“多师”教学团队。在商事法律诊所课程中，课程组负责教师应当组建多专业、多层次、全方位的师资团

① 参见王杏飞：《“多师同堂”协同教学模式的路径透析》，载《黑龙江高教研究》2014年第8期。

队。首先，组织专业突出的校内教师。在教学科研方面，高校法学教师分别形成了自己的深耕领域，有的教师对基础商事法律领域的理论问题颇有心得，有的教师在商事法律实践领域积累了丰富的经验，有的教师是电子商务法等新兴法律领域的权威专家。课程组负责教师可以博取众位教师所长，邀请多位教师共同参与商事法律诊所课程，就自己精通的领域进行专题授课，充分发挥各位教师在相关领域的教学优势。其次，邀请经验丰富的校外导师。课程组负责教师可以根据课程内容安排，邀请法官、律师、法务等法律执业人员为学生提供实务指导。前述法律执业人员具有多年的一线从业经历，积累了丰富的执业经验。当校内教师阐释相关专题的理论知识后，校外导师向学生介绍法律实践操作中的具体细节，有助于学习理解真实的法律执业现状。校内教师与校外导师的多师同堂教学，有助于分别发挥各自的理论教学与实践教学优势，帮助学生将所学的法律理论知识应用于法律实践。最后，吸纳图书馆馆员等教辅师资力量。学校图书馆具有经验丰富的信息素养教育师资力量，课程组负责教师可以邀请馆员到商事法律诊所课程中开展嵌入式教学，为学生提供商事法律检索技能培训。馆员可以结合商事法律诊所课程的授课内容，向学生传授商事法律文献检索的理论知识与操作技能，为学生学习科研能力的提升与法律执业能力的培养提供一定的辅助支持。中国传统教育名篇《师说》有云，“术业有专攻”，这既展示了教学与科研的深度，符合高等教育与法学教学的专业性特点，也揭示了高等教育法学教学可能存在广度不足的问题。“多师同堂”的教学方法可以有效地解决前述难题，既可以立足单位教师深入的专业性，又可以联合多位教师实现广博的全面性，从深度与广度两个方面提高商事法律诊所教学的效果。多位高水平的教师同堂授课，可以使学生享受一场高水准的教学“盛宴”。

第二，教学内容应当覆盖全面。商法涵括多个具体的细分领域，知识体系庞大。在课程内容选择方面，商事法律诊所课程不应拘泥于传统的商法学课程内容，而应当根据商法学的本质特点，采纳“大商法学”的立场，以规划课程的教学内容，具体可以分为以下三大部分。首先，传统的商法知识专题。商事法律诊所课程应当将商法总论、公司法、证券法、破产法等基本内容纳入授课范围，这是毋庸置疑的。还可以在前述基本内容的基础上进行一定的拓展教学，提升教学内容的专业性、技术性与实践性。例如，以证券法为基础，设置金融产品专题，讲解金融产品的法律问题。其次，基础的商法知识专题。在传统的法学教学中，教学内容划分详细，合同法与担保法等内容通常被划入民法课程的教学范畴，通常不属于商法的教学内容。此种划分方式虽然有助于深入学习详细的法学知识，但是不利于学生整体理解商事法律体系。此种教学内容划分方式适合低年级阶段，而商事法律诊所作为为高年级本科生或者研究生开设的课程，应当突破此种割裂学科视角，认识到合同法与担保法等内容是商事活动的基础，是商事法律知识不可或缺的组成部分，对于理解商事法律问题的底层逻辑具有重要的作用。因此，商事法律诊所课程应当将合同法、担保法等基本内容纳入授课范围。最后，新兴的商法知识专题。商事法律诊所课程应当将电子商务、数据交易、信息保护等法律专题纳入授课范围。前述新兴法律问题代表了信息网络时代背景下商法实践的发展现状与未来趋势，课程组将前述商事法律问题纳入商事法律诊所的授课内容，有助于学生了解商事法律现状，从容应对商事法律实践未来发展的要求，以免被快速推进的时代浪潮淘汰。

第三，坚持理论与实践相结合。理论来源于实践经验，“理论与实践相结合”是指通过将积累的实践经验提炼出来，总结到理论层面，再通过总结出来的理论去指导实践。[①] 根据商法实践性强的特点，商事法律诊所课程的内容安排也应当体现明显的实践性，课堂教学与课下实习深度紧密衔接，培养学生理论和实践相互融合的能力。教师指导学生就相关专题进行讨论与研究，然后教师予以启发与点评，引导学生得出相应的结论。教师通过运用理论与实践相结合的教学方法，既能帮助学生实现学习身份的转化，即从知识的被动接受者转变为问题的主动解决者，学习的主观能动性得到激发，也可以使学生在实践中深度体会课堂所学内容，实现理论与实践的双向互动。为充分贯彻理论与实践相结合的教学方法，在课下实习阶段，教师可以采纳角色体验法。角色体验法是指以学生为主体，让学生在真实场景中担任特定角色，体验不同角色工作职责，以促进学生对知识的消化利用，提升学生学习兴趣的教学方法。[②] 如前文所述，在商事法律诊

① 参见王英明：《法律诊所理论与实践》，辽宁大学出版社 2019 年版，第 41 页。

② 参见王爱芬：《浅析角色扮演法及其在学生心理发展中的意义》，载《教育理论与实践（学科版）》2007 年第 27 卷。

所课程中，教师可以让学生担任律师的角色，以律师的视角参与法律实务，带领学生体验办案流程，帮助学生树立正确的法律职业道德观念，培养学生的执业技能。例如，学生可以在校内教师与校外导师的指导下，实际参与实践合作单位近期代理的诉讼纠纷案件，学生以律师的身份，研读案件卷宗材料，梳理案件的主要事实，分析焦点法律问题。教师与律师听取学生的想法，予以点评、指正。学生通过角色扮演，体验律师如何解决法律问题，学习将所学商法知识和执业技能运用于法律实践，加深对所学知识的理解，提高运用所学知识解决问题的能力。

第四，既注重知识教学也重视法律执业技能传授。知识是对客观世界的系统性认识，技能来源于知识，是对知识进行应用的能力。技能的形成需要反复练习，相对于知识获取而言更加困难。[①] 技能的掌握程度是某项职业胜任力的重要表现。因此，相较于传统法学教学注重知识传授的特点，商事法律诊所课程应当格外重视法律执业技能的传授。根据商事法律职业对人才的要求，商事法律诊所课程应当着重培养学生商事法律文献检索、商事法律咨询、商事法律文书写作三项技能，按照由易到难的顺序循序渐进依次展开教学。其一，培养学生的商事法律文献检索技能。法律检索是指通过系统的方法收集法律法规、案例、论文等各类法律文献的过程，是法学研究与法律执业的必要前提。[②] 如前文所述，在商事法律诊所课程中，教师可以邀请图书馆馆员为学生开展嵌入式教学，馆员讲解法律文献检索的基本理论知识，以课程的授课主题为例进行检索示例，指导学生动手进行检索操作，感悟总结检索技巧。其二，培养学生的商事法律咨询技能。法律咨询是对当事人就有关法律事务询问提出解决方案的法律服务活动，[③] 是法律执业者业务的重要组成部分。在商事法律诊所课程中，教师可以在讲解基本理论知识后，邀请专职律师讲解商事法律咨询业务中的具体技巧。其三，培养学生的法律文书写作技能。法律文书写作是指法律从业者依照法律规定撰写具有法律效力文书的创造性活动。[④] 在商事法律诊所课程中，教师可以实践合作单位代理的

---

① 参见祝智庭、陈维维：《技能本位教育：探寻新时代高质量教育发展的新路径》，载《中国教育学刊》第6期。

② 参见许身健：《法律诊所》（第二版），中国人民大学出版社2017年版，第163页。

③ 参见王英明：《法律诊所理论与实践》，辽宁大学出版社2019年版，第97页。

④ 参见黄荣昌、叶竹海：《法律诊所实用教程》，厦门大学出版社2010年版，第50页。

案件为素材，培养学生撰写书面答辩状、法律备忘录、法律意见书等法律文书的技能。通过本课程的前述学习，学生能够初步掌握商事法律业务的基本执业技能。

第五，注重加强社会合作教学。商事法律诊所课程组可以积极发掘社会教学资源，建设实践教学中心。实践教学中心是教师进行法律诊所实践教学和培养学生实践技能的重要载体和平台，能够满足长期培养应用型法律人才的实践需要，是课堂教学与课下实践的纽带，是有效开展商事法律诊所实践教学的重要保障。[①] 商事法律诊所课程组可以积极争取学校的政策支持和经济保障，与实践合作单位签约，形成办学合力，成立法律诊所实践教学中心，为学校法律诊所教学提供实训场所和线下配套实习。律所律师对学生进行指导，丰富教学内容，增强商事法律诊所课程的实践性。商事法律诊所课程通过加强社会合作教学，使学生们能够接触大量的商事案件材料，直接体验商事法律实务的操作，使学生提前体会真实法律世界的运行规则，对开阔学生的认知视野和提高学生的实践能力具有重要作用。对于商事法律诊所课程的发展而言，课程组积极与社会实务部门合作教学，不仅可以鼓励社会实务界优秀的人士参与到商事法律诊所教学中来，增强商事法律诊所实践教学的师资人才储备，丰富商事法律诊所实践教学案例库，还有利于宣传商事法律诊所课程的教学效果，扩大高等法学院校与实践合作单位在法律界的影响力，取得良好的社会声誉。

三、商事法律诊所实践教学面临的一般问题

我国2018年推出的“卓越法治人才教育培养计划”[②] 将法学实践课程纳入卓越法治人才法学专业课程体系中，将培养“应用型”法律职业人才列为该项计划的重点举措，要求学生具有较强的实践应用能力与创新能力，能够更好满足社会需求。作为肩负培养高素质商事法律人才之重任的商法教学则需更加强化实

① 参见姚淑媛：《创新法律人才培养模式 构建实务化教学体系》，载《河北法学》2012年第12期。

② 《教育部、中央政法委关于坚持德法兼修实施卓越法治人才教育培养计划2.0的意见》（教高〔2018〕6号）。

践性教学，以服务社会经济发展。我国法律诊所实践教学虽然在社会资助以及一系列国家教育工程的推进下取得了不小的进步，国内众多院校也已经开设了形式多样的法律诊所课程，但是资金短缺、师资力量不足、课程设置不合理、教学评价体系不完善、教学教材质量不高的难题，仍旧阻碍着商事法律诊所实践教学的有效实施，导致商事法律应用人才培养质量不高，难以服务于我国经济发展。

第一，资金支持制约。一切教学活动都离不开资金支持。法律诊所实践教学的开设成本较传统理论教学更高，需要校内外大量的资金和人力资源，需要配备专门的教学场所和教学设备，聘请社会实务教师，构建实践教学平台等。我国法律诊所实践教学早期由国外非营利性组织资助发展起来。随着法律诊所实践办学规模扩大，诊所教育资金开始主要由学校院系划拨经费支持，资金获取渠道有限，即使前期获得了教学启动资金，但是因为法律诊所实践教学会持续产生文印、交通、通讯、劳务、场地等基本费用开支，许多院校因缺少稳定的资金支持而无法持续开展法律诊所实践教学。而商事法律诊所实践教学除需要与政府机构互动外，还需要与企业打交道，商事案件标的额也较大，相对于其他主题法律诊所实践课程，对资金的需求更高，所以开设专门商事法律诊所课程难度更大。通过检索我国主流法学院法律诊所课程体系，笔者发现，即便是国内顶尖法学院校也很少设置专门的商事法律诊所实践教学，中国政法大学开设此项课程可谓是走在了时代前列。

第二，师资力量难以适应法律诊所实践教学要求。教师作为教学活动的主导者，其学识和经验将直接决定教学效果的好坏。首先，教师实践教学水平不高。我国法学教育历来注重课堂理论教学，实践教学在整个法学教学体系中所占比例不高，相较于法治发达国家法学教育以培养律师和法官为导向，我国更注重培养学科型人才，法学院校的教师招聘标准也因此侧重于学历和科研水平，很少引进实务型教师。新招聘教师从高校毕业后直接走上教学岗位，缺乏商事法律实践经验和技能，习惯于向学生灌输理论知识，很难向学生讲授教材上没有记录的实践经验。以“公司章程”知识点的讲授为例，教师通常会对其概念、性质和特征进行基本讲授，使学生在学理上形成对公司章程的初步认知，不会涉及公司章程设计实务操作环节的讲授，学生难以对公司章程内涵形成更加深刻的理解。其次，诊所课程教师数量不够。我国的法律诊所课程通常由理论课程教师担任，缺乏专门的诊所课程教师，在将兼职实务教师计入诊所教师数量的情况下，师生配置比依旧较低，一般只能达到1∶15。[①] 在美国，法律诊所课程教师都由具有丰富实务经验的律师组成，且诊所教师作为法学院教师的组成部分，一般不再担任其他课程的教学，诊所课程师生配置比例高，通常达到1∶8。[②] 最后，教师法律诊所实践教学积极性不足。国内高等院校以申报课题、撰写学术论文等科研考核为主的绩效考核体系使教师在科研和职称评定上需要花费大量的精力，而诊所课程部分教学又是在课下实习阶段进行，教师还需要在课后腾出时间和精力对学生的案件代理进行跟踪指导，导致诊所课程的教学工作量难以量化，教师法律诊所实践教学参与度低。因此，目前的教学队伍难以承担起法律诊所实践教学的重任。

第三，课程设置不尽合理。课程设置包含课程属性、课时、授课对象等问题，是法律诊所实践教学运行的基础。首先，在课程属性方面，受教育理念和经费限制，法律诊所课程在我国还处于非主流课程地位，基本上被设置为实践性选修课程，以辅助理论教学，课程规模有限，不能涵盖所有学生。学生需要通过学院组织的选拔考试才能参与法律诊所课程，有意愿提高实践能力的学生很可能被排除在法律诊所课程教学之外，使得法律诊所课程的教学效果缺乏广泛性，影响教育公平。其次，在课时和学分方面，课时和学分分别是教师教学时间和学生学习量的计量单位，[③] 是教学管理的重要内容。法律诊所课程学分比重低、课时少。学分比重低对学生整体成绩影响小，一般不会引起学生足够的重视，课时少则会使教师难以完成教学任务，很难实现法律诊所实践教学的价值。最后，在课程授课对象方面，法律诊所课程普遍被安排在本科高年级的最后课程阶段，很少针对硕士生开设。将本科生作为主要授课对象并不是理想的选择。其一，本科生缺乏社会阅历，心智不成熟，知识储备不够，对许多法学知识只是停留在背诵层

① 参见许身健：《卓越法律人才教育培养计划之反思与重塑》，载《交大法学》2016年第3期。

② 参见王晨光、张超：《中国诊所法律教育运行现状与可持续发展》，载《实践性法学教育论丛》（第四卷），知识产权出版社2015年版，第11页。

③ 参见马凤岐、陆海棠、王国亮：《课时还是学时？——一个关涉学生学习中心的重要问题》，载《高校教育管理》2022年第4期。

面，缺乏根本理解，很难在法律诊所课程上将所学知识应用到实践中。其二，高年级本科生面临着应聘工作、撰写毕业论文、备战法律职业资格考试和研究生入学考试等多重压力，难以全身心投入法律诊所实践课程学习中。

第四，教学评价体系不完善。教学评价是指根据教学目标对学生学习成效和教师教学过程进行评估的价值判断活动，是检视教学效果和提升教学质量的重要环节。法律诊所实践教学在我国虽推广已久，但是因受传统教学评价模式影响，加之法律诊所实践教学包含课下实习活动，在时间和空间方面具有灵活性，法律诊所课程尚未形成契合自身特点的评价体系，[①] 适用的教学评价体系存在诸多不足。首先，目前的教学评价主体不够多元化。当前的教学评价以教师对学生进行单向评价为主，主要由教师评价学生，实务部门、案件当事人等第三方没有被纳入教学评价主体中，妨碍了评价视角的拓宽，容易影响教学评价的公正性。其次，评价方式单一。评价方式主要包括过程性评价和结果评价。过程性评价是指对学生学习进程中的表现情况进行持续评价的活动，结果评价是指在课程教学结束后对学生学习效果进行评价的活动。[②] 目前，法律诊所课程主要还是以结果评价为主，无法全面评价学生的整体表现，相应的评价指标模糊宽泛，具有主观性，可操作性低。原因在于师资有限，很难对所有学生在学习过程中的行为、态度等进行完整的跟踪性评价，教师到最后只能通过学生提交的课程报告来评判学生在课程学习中的表现，学生的认知能力、应用能力、职业操守等难以得到真实客观的评价。[③] 最后，评价内容不够全面具体。评价内容对教学评价成效有着举足轻重的导向作用。目前的法律诊所课程评价内容还主要以课堂表现和实践报告为主，以成绩分数作为学生表现的唯一依据，很难全面反映学生法律课程的学习效果，尤其是实践性内容以及学生职业伦理意识的培养本来就难以量化评定，单纯以成绩作为评定依据无法对学生的学习形成良好引导。

第五，教材建设不足。教材作为教学必不可少的工具，是教师教学和学生学

① 参见秦勇、张洋洋：《“法律诊所”教学评价模式探析》，载《教育评论》2016 年第 9 期。

② 参见刘振天：《破“五唯”立新规：教育评价改革的本体追求与成本约束》，载《高等教育研究》2022 年第 4 期。

③ 参见冀祥德：《以诊所法律教育统领法律实践教育：可行性及制度设计》，载《山东大学学报（哲学社会科学版）》2017 年第 5 期。

习的参考依据，是教学内容的重要载体。法律诊所教材应当注重知识的应用性，充分体现法律实践中的主要问题，而市面上已经出版的法律诊所教材主要包括通用型法律诊所教材与专门针对某一类法律诊所编写的专项性诊所教材。两种教材均主要由理论教师编写。通用型法律诊所教材在形式上一般遵循从理论概述到各项技能训练的体例安排，首先会对法律诊所的概述、理论基础、教学方法等内容进行介绍，然后分章节对会见、谈判、诉讼等法律职业技能进行讲解，但是在内容上有关实践操作的内容还不够具体。此类教材容易出现“形式上为诊所教材，实质上为理论教材”的问题，不适合作为商事法律诊所实践教学的参考教材。专项性法律诊所教材主要以民事、刑事、行政诉讼法律诊所教程为主，缺少专门的商事法律诊所教材。即使有的教材将有关商事法律实践的内容嵌入民事法律诊所教学内容中，其在内容上也是以诉讼案例为主，缺少非诉案例，无法满足学生了解商事实务操作的需求。

四、商事法律诊所实践教学的完善建议

根据前文对商事法律诊所实践教学面临一般问题的分析与总结，可以发现，当前的商事法律诊所实践教学还需要通过一系列革新，才能将商事法律诊所实践教学引入良性发展的轨道。为此，笔者认为实现高质量的商事法律诊所实践教学需要针对性地从以下五个方面进行完善。

第一，应当坚持“开源”与“节流”双轨并行的原则解决商事法律诊所实践教学资金紧缺的问题。一方面，需要寻求外部资金的支持，加大经费投入；另一方面，在有限的经费范围内科学管理，更好地利用和整合现有资源，实现资源共享。“开源”是指院校应当为法律诊所教学拓展更多的资金来源，为商事法律诊所实践教学的稳定运行提供多元化的渠道资金支持。其一，应当积极争取社会资金，呼吁校友和实务界人士捐款设立法律诊所教学基金。院校通过开展类似于“送法进企业”的公益活动，提高商事法律诊所的社会影响力，从而吸引民间赞助。其二，课程组教师可以积极申报校级或省级课程项目，打造商事法律诊所精品课程，以获得课程建设经费支持。院校还可以联合开展课题研究的形式，向法律实务部门申请专项经费资助，以支持商事法律诊所实践教学的发展。除“开

源”外，还应当“节流”。首先，院校需要建立完善的商事法律诊所课程财务管理机制，为课程经费的合理利用提供制度保障，出台《商事法律诊所经费管理办法》，对诊所课程经费的来源、支出、管理机构、报销与监督等事宜作出细致规定。其次，可以将商事法律诊所实践教学的教辅设施与其他实践教学所需资源进行整合和合理配置，以减轻经费压力。例如，可以共享法律援助中心、法律服务社团所需的设备和场地，以达到资源利用最大化。最后，可以利用实务部门现有资源进行教学。例如，在法院、律师事务所等实务部门进行现场教学，以节省教学场所布置和设备购买所需经费。

第二，教师是推动教学发展的中坚力量，是商事法律诊所实践教学质量的重要保证。首先，面对教师实践教学水平不高的难题，应当鼓励和支持青年教师到司法实务部门挂职锻炼，参与具体司法实践工作和培训，以增进教师对实务部门需求和实践问题的了解，增强教师实践意识和经验，从而推动教师教学理念和教学方式的实践转向。其次，为解决商事法律诊所教师数量不足的难题，院校可与法律实务部门签订商事法律诊所实践教学合作协议，建立长期教学合作，引进优秀的律师、公司法务、政府机关人员作为独立的商事法律诊所实践教学导师。同时，还可以加强与兄弟院校之间的横向合作，吸引其他院校的优秀教师前来开展专题讲座等交流活动。在课程教师团队构成上，可以打造一支至少包含 6 名教师的商事法律诊所实践教学团队，其中 3 名是校内教师，3 名是校外兼职实践导师。这些教师应当具备至少 5 年以上的商事法律实务经验，从事过律师、仲裁员、独立董事等工作。最后，由于商事法律诊所实践教学需要教师付出更多的精力和时间，院校可以设立专职的诊所教师岗位，建立与理论教学独立平行的考核体制，对其科研任务另行要求，以减轻诊所教师的教学负担，将法律诊所实践教学纳入教学评奖评优以及职称晋升的标准中，适当提高诊所教师课时费，提高诊所教师教学积极性。

第三，课程设置决定了商事法律诊所实践教学的深度和广度，只有科学的课程设置才能充分发挥商事法律诊所实践教学的作用，实质性提高学生的商事实践能力和商事思维。首先，院校可以将商事法律诊所实践教学设置为实践性必修课程，提升其在整个教学体系中的地位，确保所有学生参与到课程学习中。其次，在课时和学分方面，可以增加商事法律诊所实践课程的学分比重，将课程学分提高至5—6学分，将课时定为60—80课时，其中一半课时为课堂教学，一半课时为课下实践，以此激发学生课程学习的积极性。商事法律诊所学习的内容广泛，并且商事案件的审理具有不定期性，时间跨度长，因此需要将商事法律诊所课程的学习时间设置为一学年，确保每位同学都能够参与到商事案件处理的全过程。最后，应当以法学硕士和法律硕士为授课对象。从学生学习的需求来看，法律硕士本身便以实务为导向，法学硕士的培养虽然偏重学术性，但是绝大部分法学硕士毕业后也从事实务工作，只有少数学生继续攻读博士学位从事学术研究。从招聘单位的用人需求来看，法学研究生已经成为律师事务所、法院和检察院等实务部门的主要招聘对象。因此，院校在学生在校期间便应当通过法律诊所课程，向学生传授更多的技能型知识，培养其实践性思维，以提前适应法律职业工作。而且院校应当将商事法律诊所课程安排在研究生二年级上学期。这是因为法律硕士和法学硕士已经学习过相关理论课程，大多已经通过法律职业资格考试，具备一定的知识储备和较多的可支配时间，能够全身心投入到该课程中。

第四，健全的教学评价体系能够与教学相辅相成，合力实现商事法律诊所实践教学的功能和宗旨。首先，商事法律诊所实践教学本身便牵涉多元化的主体，决定了其评价主体不能仅限于教师，应当将学生、实务合作单位和案件当事人纳入教学评价主体的范围内。学生作为教学评价主体，一是可以让学生开展自我评价，二是可以让学生们开展互相评价。自我评价能够让学生及时深化对教学内容和实践操作的理解，反思自身学习过程中存在的不足之处，锻炼学生批判性思维，充分发挥学生的主体性。[①] 学生们共同参与商事法律诊所课程，能够更加直接地观察对方在商事法律诊所课程中的表现，而且学生彼此之间既是合作关系也是竞争关系，进行互相评价能够取长补短，促进竞争。实务合作单位和案件当事人作为评价主体，能够反映学生的真实表现和实际水平。而且能让学生更早地适应社会对能力培养的要求，这是因为学生最终需要走向社会从事法律职业，接受社会全方位的考验。其次，评价方式应当注重过程性评价。商事法律实践本身便具有过程性，能力的形成也具有渐进性，为全面记录学生的学习过程，反映学生

① 参见万永奇：《好的教育评价及其实现》，载《湖南师范大学教育科学学报》2021年第6期。

在不同阶段的实践情况，有必要对学生的全过程表现进行评价。例如，可以每月定期召开校内外导师联席会议，对学生每月学习情况进行评价，跟踪学生的学习节奏，发现并及时指出学生存在的问题，以督促学生保持学习紧迫感，有计划地安排学习时间。过程性评价也能保证评价的同步性和及时性，防止评价主体因事后难以回忆而作出不准确的描述。最后，应当设计详细的评价内容指标。越详尽的评价指标越有利于评定学生的能力。诊所课程教师可以编写《商事法律诊所教学评价指南》等具有可操作性的规范手册，以指导教学评价工作，防止评价的随意性。在评价内容的设置上，应当更多地关注与实践能力和职业发展相关的指标，包括学生的心理素质、执行能力、知识运用能力、法律思维、职业道德、社会责任感等，采取面试、案例分析、小组讨论、法律文书写作等形式对学生进行综合评估，带动学生全方位提升自身能力。

第五，高质量的商事法律诊所实践教学教材不仅是教师教学的重要指南，还能激发学生的学习兴趣，提高学生的学习效果。首先，应当单独编制商事法律诊所实践教学教材，只有单独对应的教材才能有效地支撑教学活动，否则教学就难以保持稳定性。教材编写团队除需要包含具备丰富商法教学经验的理论专家外，还应当邀请实务部门专家参与教材的提纲设计和内容编写。实务部门专家可以为教材提供实践智慧，使教材内容更加贴近司法实践问题，内容讲解更具操作性。其次，在教材内容编写上，不应局限于商法的内容，还应当体现学科的融合性。这是因为学生综合能力的培养需要教材提供多学科融合的知识，呈现学科融合的逻辑。[①] 由此，商事法律诊所实践教学教材中还需要嵌入经济学、金融学、管理学等学科的基本知识，并添加商业发展的社会、政治和经济背景知识介绍，以便学生能够更加深刻地理解法律原理，提高学生知识整合的能力。最后，在教材编排结构上，需要遵循从理论到实践的逻辑规则，在各章节中按照商法基础理论、商事法律适用的基本方法、商事法律文书写作、实践操作注意事项以及国内外商事典型案例的顺序进行呈现。教材在对具体商事活动和技术操作进行说明时，应当注重图文并茂，形象直观，以便于学生理解记忆。例如，可以印刷财务报表、

① 参见刘学智：《新时代高质量教材体系建设的着力点》，载《课程·教材·教法》2023年第2期。

票据等格式文书的图片，以对相关知识点进行解释。又如，在法律文书写作部分，可以印制全流程商事法律文书模板，以增强学生的直观感受。

五、结论

研究生实践能力的培养已经成为法学教学工作中的重要环节，我校积极开展商事法律诊所实践教学契合国家教育领域的战略布局。商事法律诊所实践教学的开展对于践行实践育人的教育理念，增强研究生法学实践能力，培养高层次法治人才发挥着重要作用。商事法律诊所实践教学的持续推进和广泛适用，能够大幅提升学生对法学理论的认识，帮助学生积累法律实践经验，加速学生成长为具备充分法律素养、熟练职业技能的应用型法律人。鉴于该项教学模式的特色在于理论与实践的紧密融合、知识讲授与技能传授的有机结合，因而相关课程的设置应当具有全面性，教学方式的运用应当体现多元化。受制于社会实践现状，普及商事诊所法律实践教学任重道远。深入剖析该项教学实践面临的客观障碍是推进教学进度、优化教学质量的前提，发展资金不足、师资力量薄弱、专业教材匮乏、课程定位偏差等问题有待进一步解决。未来，有针对性地实施优化资金收支、培养教师能力、编纂专项教材、完善课程设计等多方举措，必将有效攻克上述难题，为国家培养更多的德法兼修、知行合一的卓越法治人才。

判解评注
pan jie ping zhu

数据产品财产性权益的保护路径

——评某宝公司与某景公司不正当竞争纠纷案

韩　东[*]　吴悠然[**]

摘要：数据产品是基于数据加工形成的，可满足特定需求的数据加工品，属于无形财产。由于数据处理者对数据产品投入了劳动，因此数据产品财产性权益应当归属于数据处理者。在数据产品的生产过程中，数据处理者应当严格按照知情同意原则的要求，针对敏感个人信息和非敏感个人信息设置不同的择入机制，保护信息主体的合法权益。除数据产品赋权保护路径外，反不正当竞争法亦可从行为法路径为数据处理者提供有效保护。对数据市场中围绕数据产品产生的不正当竞争行为的判断，需要从是否存在竞争关系、是否存在不正当竞争行为和是否存在损害后果三个方面进行。

关键词：数据产品　财产性权益　知情同意　不正当竞争　实质性替代

* 河北省武邑县人民法院三级法官、执行局副局长。
** 对外经济贸易大学法学院博士后、助理研究员。

一、基本案情[①]

原告某宝公司系某宝平台、某猫平台的经营者，同时也是案涉数据产品的开发者和运营者。案涉数据产品分为市场行情标准版和市场行情专业版等基本版本。其中，市场行情标准版有“行业大盘”“商品店铺榜”“搜索词分析”三大板块，市场行情专业版有“行业直播”“行业大盘”“商品店铺榜”“搜索词分析”“买家人群画像”“卖家人群画像”“搜索人群画像”七大板块。某宝平台、某猫平台的商户可根据需要，选择购买市场行情标准版或市场行情专业版中与其经营的商品类目相对应的分支版本，但是需要支付的年使用费金额不同。为保障自身对案涉数据产品的权益，某宝平台在《案涉数据产品服务协议》第5条“用户使用规范”规定：禁止出售、转售或复制、开发某宝授予的使用权限；禁止将开通使用权限的账户出售、出租、出借或以其他方式提供给第三方使用；禁止未经某宝公司许可，将通过案涉数据产品获得的各项数据内容向任何第三方披露、转让、出售、许可或以其他方式提供给第三方使用等。此外，某宝平台提供的《某宝平台服务协议》《法律声明及隐私权政策》均对某宝公司如何收集、存储、使用用户信息予以明确规定。

被告某景公司系“××互助平台”软件（以下简称案涉软件）、“××生意参谋众筹”网站的开发者和运营者。该网站主页顶端有案涉数据产品租用、案涉数据产品出租、推荐赚钱、软件下载等栏目选项。进入案涉数据产品租用栏目，显示“某宝价格标准版900/年，××价格480/年”等内容。进入案涉数据产品出租栏目，显示“生意参谋众筹原理”“怎么出租6步轻松搞定”“出租的好处”等内容。进入推荐赚钱栏目，显示“推荐有奖：每推荐一人可抽奖一次，最高奖品价值百元，下级消费还能得15%提成”等内容。点击软件下载栏目，完成案涉软件的下载安装后进行注册登录，可以在某景公司客服指引下，完成“女鞋”类目

① 参见杭州铁路运输法院（2017）浙8601民初4034号民事判决书、浙江省杭州市中级人民法院（2018）浙01民终7312号民事判决书、浙江省高级人民法院（2019）浙民申1209号民事裁定书。

市场行情标准版案涉数据产品使用年卡的订购与付费。点击案涉软件“已订类目”下的“立即使用”，在弹出页面上依次点击“行业大盘”“行业粒度”“行业热词榜”“搜索词查询”等，可以查看市场行情标准版案涉数据产品相应的数据内容。此外，在某景公司客服指引下，用户可以提交“女装”类目市场行情专业版案涉数据产品子账号，供案涉软件使用，并获得“箱包皮具等”类目市场行情标准版案涉数据产品的使用年卡。案涉软件“帮助中心”栏目显示“收费标准：标准版 14 元/次、80 元/月、480 元/年；专业版 28 元/次、280 元/月、1800 元/年”；“分享福利：提供案涉数据产品子账号可以获得以下福利（佣金）：每天挂机 8 小时，被人使用 5 次以上即可获得佣金：标准版 10 元/天、专业版 15 元/天”等内容。

某宝公司认为：案涉数据产品所提供的数据内容，是某宝公司经用户同意，在记录、采集用户于某宝平台上进行浏览、搜索、收藏、加购、交易等活动所留下的痕迹而形成的原始数据基础上，采取脱敏处理，剔除个人信息、用户隐私后，再经过深度处理、分析、整合，加工形成的诸如指数型、统计型、预测型的衍生数据。其中，原始数据与衍生数据均系某宝公司的无形资产，某宝公司对此享有合法权益。被告某景公司在其开发的“××生意参谋众筹”网站和案涉软件上教唆、引诱已订购案涉数据产品的用户在案涉软件上相互分享、出租其子账户以获取佣金，且为案涉软件用户租用某宝公司案涉数据产品子账户、查看案涉数据产品的内容提供技术帮助，并从中牟利。某景公司的上述行为对案涉数据产品构成了实质性替代，直接导致某宝公司数据产品订购量和销售额减少，扰乱了大数据行业的竞争秩序，已构成不正当竞争行为。

某景公司辩称：某宝公司未经某宝平台商户及用户同意，以营利为目的，私自抓取、采集和出售某宝平台商户或用户享有财产权的相关信息，侵犯了用户财产权、个人隐私以及商户的经营秘密，具有违法性。某宝公司利用其对数据控制的垄断优势，迫使原始数据拥有者以高价购买由自己数据财产衍生出来的数据产品，具有不正当性。某宝公司属于电商平台经营商，某景公司属于社交平台经营商，两者分属不同行业，相互间不存在竞争关系，本案不属于反不正当竞争法调整的范围。某宝平台商户在案涉软件上沟通交流，分享各自所购买的不同权限的数据内容，能够实现数据的增值与利益共享，不应为法律所禁止，且该部分行为系某宝平台商户自主行为，某景公司仅提供技术支持，并不存在某宝公司诉称的教唆、引诱某宝平台商户出租其子账户泄露数据的行为。

一审法院支持了原告的诉讼请求，判决某景公司于判决生效之日起立即停止涉案不正当竞争行为，即立即停止以不正当的方式获取、使用（包括提供他人使用）、泄露市场行情标准版和市场行情专业版案涉数据产品中的数据内容以及涉案网站上的相关宣传行为等；某景公司赔偿某宝公司经济损失及为制止不正当竞争行为所支付的合理费用共计200万元；驳回某宝公司的其他诉讼请求。某景公司不服该判决并提出上诉。二审法院判决：驳回上诉，维持原判。而后，某景公司申请再审，再审法院裁定驳回其再审申请。

二、数据产品财产性权益：归属与内容

数据产品是指基于数据加工形成的，可满足特定需求的数据加工品。[①] 数据产品区别于原始数据、数据资源等数据形态。首先，数据产品不同于原始数据。原始数据是指初次产生或源头收集的、未经加工处理的数据。[②] 原始数据和数据产品的差别体现在：第一，数据处理者是否进行了投入。原始数据直接随着数据主体的各类行为而产生，数据处理者并未对其进行任何加工处理。数据产品的形成以数据处理者的实质性加工为必要条件，即数据处理者投入大量的人力、物力，对数据实施了筛选、去重、算法计算等加工行为，且加工所产生的价值高于原始数据本身的价值。第二，是否独立于数据主体的控制。原始数据中的部分内容能够直接体现出数据主体的个人信息，与数据主体的人格尊严、人身和财产安全密切相关，因此数据主体能够对原始数据进行控制，以维护自身的合法权益。数据产品中的各项数据经过了高度的脱敏化和匿名化处理，与数据主体之间的联系已经切断，因此能够脱离数据主体的控制。第三，能否被其他主体公开获取，并无偿利用。原始数据多分布在各类互联网平台的用户界面，如各类App的评论

① 参见《数据领域常用名词解释（第一批）》，载国家数据局网站，https://www.nda.gov.cn/sjj/zwgk/zcfb/1230/20241230160715745237413_pc.html，访问日期：2025年1月5日。

② 参见《数据领域常用名词解释（第一批）》，载国家数据局网站，https://www.nda.gov.cn/sjj/zwgk/zcfb/1230/20241230160715745237413_pc.html，访问日期：2025年1月5日。

数据、点赞数据等均属于原始数据，且以公开的形式存在，所有主体均能够直接获取，并在合理限度内无偿使用。数据产品则往往无法公开获取和利用，数据处理者会对其设置一定的访问门槛，如收取一定数量的费用、设置特定的访问权限等。

数据产品同样区别于数据资源。数据资源是对具有价值创造潜力的数据的总称，通常指以电子化形式记录和保存、可机器读取、可供社会化再利用的数据集合。[①] 数据资源和数据产品的差别主要有两点。一是二者的用途和价值不同。数据资源仍具有较高的开发潜力，主要用于为数据处理者开展数据分析提供样本、开发更高水平的数据产品等。数据产品的价值要高于数据资源，并且直接投入市场、面向用户，可以在特定场景下为用户提供定制化的服务。二是二者所承载的利益内容不同。数据资源虽然经过了一定加工，但是加工程度较为有限，因此其在承载着数据处理者财产利益的同时，仍然可能附有数据主体的人身利益或者公共利益。数据产品的加工程度和水平远高于数据资源，其中蕴含的数据已经完成了较为彻底的脱敏化和匿名化处理，因此仅体现数据处理者的财产利益。

本案中，某宝公司所经营的内容为数据产品。首先，该公司已经对案涉数据产品进行了较高程度的加工，使得该产品所使用的用户信息经过匿名化脱敏处理后已无法识别特定个人且不能复原，故案涉数据产品中的各类数据已实际脱离了数据主体的控制，其中只蕴含了该公司的财产性利益。其次，获取案涉数据产品需要交纳数额不等的费用，故其他主体无法通过公开渠道直接获取并无偿使用该产品。最后，案涉数据产品能够直接投入市场，为商户的店铺运营提供系统的大数据分析服务，帮助商户提高经营水平。

数据产品属于无形财产，同时具有较高的经济价值和支配可能性。一方面，经济价值体现为财产的使用价值和交换价值。数据产品以算法为核心环节，能够通过激活其中的代码层，有效提取各类实质性信息，[②] 并将这些信息以符合逻辑的方式呈现在数据产品使用主体面前，进而为使用主体作出各类决策提供有益参

---

① 参见《数据领域常用名词解释（第一批）》，载国家数据局网站，https://www.nda.gov.cn/sjj/zwgk/zcfb/1230/20241230160715745237413_pc.html，访问日期：2025 年 1 月 5 日。

② 参见房绍坤、周秀娟：《企业数据“三权分置”的法律构造》，载《社会科学战线》2023 年第 9 期。

考，具有较高的使用价值。同时，数据产品可以直接用于交易，无论是采用财产转让、使用许可还是共同控制的交易模式，数据提供方都可以通过交易获得转让对价、许可费、收益分配或其他经济收益，因而具备交换价值。① 另一方面，数据产品能够被各类主体进行事实上的支配。虽然数据在理论上具有一定的非独占性和非排他性，但对数据产品的支配可以体现为使用主体直接占有该产品唯一的物理载体，以消除其他主体访问该产品的可能性。此外，使用主体也可以在获得数据产品访问权限的同时，采取一定的加密技术等措施，排除其他主体对该产品的访问。本案中，某宝公司经营的涉案数据产品同样具备这两个特征。该产品在对收集的用户信息和商户信息进行脱敏化和匿名化处理的基础上，能够以趋势图、排行榜、占比图等形式显示预测型、指数型、统计型数据信息，满足商户开展经营活动的需要。同时，出售涉案数据产品的行为使得某宝公司获取大量经济收益。因此，涉案数据产品同时兼具使用价值和交换价值，进而具有经济价值。在购买案涉数据产品后，某宝公司的会员用户亦可以排除其他未付费主体访问该产品的展示内容，对该产品进行事实上的支配。

基于数据产品的财产属性，有必要明确数据产品的权益归属，原因在于以下两个方面：第一，对于数据产品的数据处理者而言，明确数据产品的权益归属能够起到定分止争的作用，减少数据产品相关纠纷。同时也有助于数据处理者回收一定的生产成本，获取利润，进而提高其继续生产数据产品的积极性。数据产品作为无形财产，在被广泛传播和使用的情况下会被多个主体同时占有和使用。相关主体为确保自身能够获得更多的这一无形财产产生的经济效益，彼此之间极易在数据产品内容合法性、数据产品本身归属等方面发生纠纷。明确数据产品权益的归属则能够直接划定各主体之间的利益界线，降低纠纷发生的可能性。此外，数据产品的高价值源于数据处理者在其形成过程中投入的大量成本。如果不为数据处理者提供有效的激励方式，任由其他主体使用和传播数据产品，必然会抑制数据处理者继续投入的积极性，导致市场失灵。明确数据产品的权益归属后，数据处理者能够为数据产品的使用设定价格，回收自己的生产投入，并获取一定经

① 参见郑佳宁、吴悠然：《论数据交易类型化与规范准则》，载我国台湾地区《月旦法学》2022 年第 11 期。

济收益，从而继续投入到数据产品的再生产过程中。

第二，对于数据要素市场的建设而言，明确数据产品的权益归属能够有效促进数据流通，释放数据价值。数据要素市场是一个集数据产权、流通交易、收益分配等要素于一身的复杂系统。建设数据要素市场是数字经济发展的必然要求，可以为数据这一新型生产要素的生产、流通和消费提供可信赖的场所和中介机制。[①] 在该系统运行过程中，明确数据产品等不同形态的数据权益归属，是进行数据后续流通交易、收益分配的前提。换言之，“来路不明”的数据产品可能会随时面临数据来源合法性和正当性的质疑，只有那些权益主体明确的数据产品才能够使市场主体免去后顾之忧，放心参与交易和分配。劳动赋权理论可以为明确数据产品之上的权益主体提供依据，该理论认为，世界上的物在自然状态下为人类所共有，而人类的劳动能够使这些物脱离自然状态或者其本身所处的状态，并排斥其他主体的共同权利，进而使得该物成为劳动者的财产。[②] 由此可知，劳动能够确立劳动者对物的财产权。数据处理者作为使得原始数据脱离原始状态，成为具有高价值数据产品的主要力量，对数据产品的形成投入了最多的劳动，理应对数据产品享有合法权益。本案中，案涉数据产品中的数据内容是某宝公司付出了大量劳动，经过长期的经营积累形成的，因此法院判定案涉数据产品是某宝公司的劳动成果，其上的权益应当归某宝公司所有。

在明确数据产品的财产属性及其权益归属主体后，还应当明确数据产品财产性权益的具体内容。需要注意的是，附着于数据产品之上是财产性“权益”而非“权利”。传统民法将利益分为三种类型：一是不受法律保护的一般性利益，如纯粹经济损失；二是受法律保护但尚未在实在法上明确规定为权利的利益，如人格尊严；三是法定化了的权利。[③] 数据产品以无形财产的形式存在，但是现有法律规范尚未明确数据处理者对数据产品享有哪些权利，以及具体的权利内容，

---

① 参见吴悠然：《论我国数据交易场所的法律机制和治理体系构建》，载《湖北社会科学》2024 年第 9 期。

② 参见［英］洛克：《政府论》（下篇），叶启芳、瞿菊农译，商务印书馆 1964 年版，第 17-18 页。

③ 参见何蓉：《数据的财产性与权利益融合属性探究》，载《电子知识产权》2022 年第 12 期。

故本文称数据处理者享有的利益为数据产品财产性权益。具体而言，该财产性权益包括以下内容：第一，对数据产品进行占有。即数据处理者能够保存并控制数据产品，排除其他主体未经授权的使用行为。第二，使用数据产品。即数据处理者能够自己利用数据产品中丰富的数据辅助自身作出各类决策，享受数据产品的服务内容。第三，利用该产品获取收益。数据处理者可以通过利用该产品为其他主体提供服务，或者以直接向其他主体出售、出租该产品的方式获取经济收益。第四，对数据产品进行处分。即数据处理者可以按照自己的意愿将数据产品进行交易、赠与，或者许可其他主体使用。在许可其他主体使用时，数据处理者可以附加一定的限制条件，如使用的时间长短、是否允许再次转让等。本案中，某宝公司对案涉数据产品的市场行情标准版与市场行情专业版分别设置不同的交易价格，并在《案涉数据产品服务协议》中禁止用户实施出售、转售或复制、开发案涉数据产品的使用权限等行为，即是其享有财产性权益的体现。

三、数据产品的生产过程：个人信息收集

数据产品的生产过程离不开对个人信息的收集，而个人信息之上不仅承载了信息主体的隐私、个人自由、财产权益等多元化的私法权益，同时也和公共利益保护、社会风险防范密切相关。因此，数据处理者在记录伊始就必须充分尊重自然人的意愿，经其授权才能获取信息。

本案涉及的信息包括用户在某宝平台进行浏览、搜索、消费等活动产生的行为痕迹信息，基于行为痕迹信息推论得出的用户标签信息，以及某宝平台商户在某宝服务平台中自行公开的信息。其中，用户行为痕迹信息是用户在使用互联网产品或者接受互联网服务的过程中，因检索、浏览、下载网络信息资源等行为而产生的一系列信息，能够体现用户的知识需求度，进而服务于某宝公司在描绘用户画像方面的需要。[①] 用户标签信息是由某宝公司分析后得出的，可以反映用户

① 参见郑佳宁：《用户行为信息商业化运用的规制路径》，载《西北工业大学学报（社会科学版）》2020 年第 3 期。

在某方面特征或属性的信息,[①] 能够为该公司实现精准的商业营销提供重要参照。这两类信息均属于个人信息。商户在某宝服务平台中自行公开的信息虽然也可能包含与经营该网络店铺的自然人相关的个人信息，如姓名等，但是由于这些信息是商户主动公开的，故某宝平台直接进行收集，并在案涉数据产品中予以展示，不会侵犯该自然人的个人信息权益。而用户行为痕迹信息和用户标签信息则并非用户主动公开的，某宝公司对这两类信息的收集和处理行为可能存在较大争议，因此下文着重对这两类信息进行讨论。

《个人信息保护法》采用“相关说”对个人信息的概念进行界定,[②] 规定个人信息是“与已识别或者可识别的自然人有关的各种信息”。其中，“可识别”是决定受法律保护的个人信息范围的核心要素。关于个人信息的“可识别”要件的认知，理论和实践中尚存难题。因为即使已有的信息无法识别到特定自然人，但是随着集聚信息数量的不断增加，必然会在达到某一数量时产生能够识别特定自然人的“质变”效果。在这种情形下，如何确定“可识别”信息的范围是个难题。如果将这一过程中涉及的所有信息均纳入个人信息范畴，承认可识别性的“递归”，必然会导致《个人信息保护法》的保护对象过于泛滥,[③] 进而抑制正常商业活动的开展。为避免出现上述局面，有必要对“可识别”要件进行限制，通过细化识别对象和识别难度的标准，合理界定具有可识别性的个人信息的范围。具体而言，在识别对象方面，可识别性个人信息应当能够达到识别特定自然人的身份或行为轨迹的效果，且能够使该自然人明确与其他主体相区分。在识别难度方面，可识别性个人信息与其他信息结合识别特定主体的过程，应当能够依靠当前通用的技术手段完成，且识别成本不超过个人信息立法所要保护的法益。以这一立场对用户行为痕迹信息和标签信息进行审视可知，行为痕迹信息能够反映特定用户在某宝平台实施的各类点击、浏览和消费行为等内容，且这些内容在一般情况下会因个体用户的不同行为而存在差异。通过对多组行为痕迹信息

① 参见牛彬彬:《大数据时代群体维度的数据利益保护路径研究——以“用户标签”为中心》，载《华中科技大学学报（社会科学版）》2022 年第 2 期。

② 参见《个人信息保护法》第 4 条的规定。

③ 参见杨楠:《个人信息“可识别性”扩张之反思与限缩》，载《大连理工大学学报（社会科学版）》2021 年第 2 期。

进行分析，能够使特定用户与其他用户区分开来。标签信息反映了特定用户所具有的某类特质，虽然不同用户可能具有相同或类似的标签信息，但随着用户身上标签信息数量的逐渐增加，具有共同标签信息的用户会逐渐减少，进而使得特定用户与其他用户相区别。同时，行为痕迹信息和标签信息已经是现代商业实践中广泛运用的信息类型，对这些信息进行综合分析并不会给信息处理者带来过高的成本。因此，行为痕迹信息和标签信息具备可识别性，在和其他信息结合的情况下能够识别特定的信息主体，属于个人信息。

本案中，法院将行为痕迹信息和标签信息认定为非个人信息。笔者认为，这是法院在《个人信息保护法》尚未出台，缺乏明确立法指引的情况下作出的符合理性的选择。实际上，法院在判决中已经意识到了行为痕迹信息和标签信息的可识别性。例如，法院认为行为痕迹信息可能与用户留下的个人身份信息结合，导致该用户被识别。但是，法院最终将上述信息解释为非个人信息，实质是进行综合考量的结果。一方面，某宝公司对上述信息的处理方式是商业实践中的典型代表，若在立法不明确的情况下直接将这些信息认定为个人信息，必然会颠覆已经形成的信息处理实践做法，影响信息的流通和使用秩序；另一方面，并没有其他用户主张某宝公司在开发和经营案涉数据产品过程中，对自身个人信息的使用行为导致其权益受损，而案涉数据产品又能够为某宝公司带来巨大的经济利益和竞争优势。因此，在权衡不同法益的保护需求之后，法院最终将行为痕迹信息和标签信息认定为非个人信息。但是，这绝非意味着法院对上述信息可识别性的否认。

在此基础上，需要进一步明确用户行为痕迹信息和用户标签信息属于何种个人信息。以个人信息的重要程度为依据，《个人信息保护法》将个人信息分为敏感个人信息和非敏感个人信息。敏感个人信息是指一旦被泄露或者非法使用，容易导致信息主体的人格尊严、人身安全和财产安全受到侵害的个人信息。非敏感个人信息是敏感个人信息以外的个人信息，即被泄露或非法使用后可能会损害信息主体的人格尊严、人身和财产安全的个人信息。有学者提出了将强工具性和唯一识别性作为判定敏感个人信息的标准。[①] 强工具性是指敏感个人信息必然能够作为一种中介为特定主体所认知和利用，进而实现其特定的目的，并对信息主体的人格尊严、人身和财产安全产生影响。唯一识别性是指敏感个人信息能够使特定主体直接凭借该信息定位到信息主体，即具有直接识别性。本案中的用户行为痕迹信息和用户标签信息显然不具备上述特征。一方面，这两类信息直接指向的是用户在某宝平台内的行为记录和消费偏好等特征，而非用户本身的人格权益和财产权益，因此其被泄露或者被非法使用后，并不容易直接导致用户的人格尊严、人身和财产安全受到损害；另一方面，这两类信息均不具备直接识别性，需要和其他信息结合才能将特定的信息主体识别出来，因此也不具有唯一识别性。综上所述，用户行为痕迹信息和用户标签信息属于非敏感个人信息。

为切实维护信息主体的合法权益，《个人信息保护法》以知情同意原则作为个人信息处理活动的重要合法性基础。知情同意原则，是指除法律和行政法规另有规定外，任何主体在处理个人信息时，都应当告知信息主体并获得其同意，而后方可从事相应的个人信息处理活动，否则其处理行为属于违法行为。知情同意原则的实现总体上可以划分为择入机制和择出机制两种模式。在择入机制下，信息处理者收集个人信息必须主动征求信息主体的授权，并以此作为其行为的正当性基础，信息主体通过肯定性的表示选择参与信息收集过程。在择出机制下，信息处理者收集个人信息的行为无须征得信息主体的事先同意，但信息主体有权拒绝被继续收集信息，即选择退出信息收集过程的权利。我国《个人信息保护法》《信息安全技术个人信息安全规范》等法规对知情同意原则采纳统一的择入机制，并对敏感个人信息和非敏感个人信息设置了不同的择入机制设计要求。敏感个人信息的择入要求包括以下内容：第一，信息处理者应当就自身处理敏感个人信息取得信息主体的单独同意。所谓“单独同意”，是指对敏感个人信息的同意应当与非敏感个人信息的同意相区分。第二，信息处理者除告知信息主体处理的信息内容和处理方式之外，还应当将处理该敏感个人信息的必要性，以及处理行为对信息主体造成的影响一并告知。第三，对于未满十四周岁的信息主体，个人

---

① 参见宁园：《敏感个人信息的法律基准与范畴界定——以〈个人信息保护法〉第28条第1款为中心》，载《比较法研究》2021年第5期。

信息处理者应当在处理其信息前取得其父母或法定监护人的同意，并专门制定相关个人信息处理规则。非敏感个人信息的择入要求包括以下内容：第一，信息处理者应当将自身的姓名或名称、联系方式、处理目的、处理方式、处理的信息种类、保存期限、信息主体的行权方式等内容向信息主体明确告知，以保障信息主体对于个人信息处理活动的知情权。第二，信息处理者应当取得信息主体的同意。此处“同意”应当建立在信息主体对处理个人信息和处理方式充分知情的基础上，并由信息主体自主决定。第三，信息处理者收集和处理的个人信息须为提供服务所必需的。对于不属于提供服务所必需的个人信息，若信息主体拒绝同意，个人信息处理者仍应当为信息主体提供基础服务内容。第四，在信息主体同意信息处理者收集和处理其个人信息的情况下，个人信息处理者应当为其所处理的个人信息设置为达到处理目的所必需的最短保存期限。

通过比照《个人信息保护法》关于个人信息的处理要求，可以发现某宝公司收集和处理用户行为痕迹信息、用户标签信息和商户信息的行为均符合法律规定。一方面，就某宝平台注册用户的行为痕迹信息和标签信息而言，某宝公司在实施收集和处理行为之前，已经通过和用户签署《某宝平台服务协议》《法律声明及隐私权政策》的方式，告知用户收集的信息内容、被收集信息的使用方式等，并在用户知情的基础上获得了其明确授权。在后续信息收集和使用过程中，某宝公司系在前述用户知情和授权的范围内实施个人信息处理行为，符合知情同意原则的要求。另一方面，某宝平台商户自行公开的信息属于《个人信息保护法》第13条第1款第6项规定的情形，[①] 可视为某宝平台商户已经用行为宣告了直接收集和处理这些信息行为的合法性。因此，对于这部分信息，某宝公司在收集和处理之前无须适用择入机制，可以直接将其用于案涉数据产品的开发和优化，并对外展示。综上所述，某宝公司在收集和处理用户个人信息的过程中，已经设置了符合《个人信息保护法》要求的择入机制，并遵守了知情同意原则的要求，其行为具有合法性、正当性和必要性。

① 参见《个人信息保护法》第13条第1款第6项的规定。

四、数据产品的保护路径：反不正当竞争

从我国司法实践看，基于反不正当竞争法对数据处理者的数据产品财产性权益进行保护的路径较为常见。相较于对数据产品进行赋权保护而言，该保护路径侧重于保护利益而非权利。反不正当竞争法通过对具体情形下的数据产品提供保护，在一定程度上确认数据产品的归属性，有利于发挥数据的产权激励作用。具体而言，对数据市场中不正当竞争行为的判断主要从市场主体间是否存在竞争关系、是否存在不正当竞争行为和是否存在损害后果三个方面进行。

第一，市场主体间是否存在竞争关系。对于竞争关系的界定，理论中存在狭义竞争关系和广义竞争关系两种观点。狭义竞争关系立足于商品本身的可替代性，是指经营同种类商品的经营者之间存在的争夺交易机会的关系。广义竞争关系同时包含直接争夺交易机会和间接争夺交易机会的关系，即凡是以不正当手段为自身谋取竞争优势，并同时损害竞争对手，或者通过侵害消费者权益的方式间接损害竞争对手而产生侵害后果，均可认定为主体间存在竞争关系。笔者认为，在数据市场中以广义竞争关系作为判断市场主体间不正当竞争行为的要件更为恰当。理由包括以下几方面：其一，数据市场中的竞争以跨界竞争为主要表现形态。[①] 传统市场中各类商品和服务所在行业泾渭分明的状况在数据市场中已然不复存在。借助互联网的虚拟性和无限延展性，以平台经营者为代表的数据市场主体往往会不断扩张经营业务种类，以尽可能多地吸引消费者，由此逐渐模糊了传统的行业种类划分。其二，数据市场主体之间竞争的首要目标是获取流量和数据。在大数据时代，数据已然成为各方争夺的宝贵资源。市场主体通过对大量数据进行收集和处理，能够发挥数据的集聚效应和规模效应，为开发新的商品和服务、作出商业决策、调整经营战略等活动提供重要支持，从而获得巨大的商业利益。数据的产生需要以用户流量作为基础，故市场主体所拥有的用户流量越大，其能够得到的有效数据越多，而提供商品和服务则是市场主体获取更多流量和数

---

① 参见陈兵：《互联网经济下重读“竞争关系”在反不正当竞争法上的意义——以京、沪、粤法院2000~2018年的相关案件为引证》，载《法学》2019年第7期。

据的手段。狭义竞争关系仅关注同一种类的商品或服务，或者同一行业的商品或服务，无法将数据市场中跨界竞争的行为涵盖其中，自然不能有效规制市场主体通过提供不同商品和服务以获取流量和数据的不正当竞争行为。而广义竞争关系能够将上述行为悉数容纳在内，满足数据市场的规制需求。因此，笔者主张对竞争关系进行实质性解读，即只要经营者之间存在互相影响、此消彼长的交易机会和竞争优势，则无论其经营的是否为同种商品或服务，均可认定彼此之间存在竞争关系。此时，竞争关系的产生路径可表示为：市场主体实施经营行为—提供的产品或服务指向同一用户群——一方竞争利益受损—两者之间存在竞争关系。本案中，某景公司开发的案涉软件与某宝公司经营的案涉数据产品所服务的用户群体完全相同，具有高度重合性，故虽然两公司分属不同的行业，但是法院仍然认定两者之间具有竞争关系。

第二，是否存在数据侵害行为。数据侵害行为是指损害权利主体对数据享有的合法权益的行为，可划分为不正当获取和不正当使用两种类型。不正当获取是指行为人通过突破权利主体设置的数据保护措施、违反数据管理规则等行为获取数据，并对权利主体造成实质损害的行为。不正当使用是指行为人在未获得权利主体同意的情况下，自行使用其数据开展实质替代经营活动，或者实施妨碍权利主体数据经营活动的行为。本案中的涉诉行为是某景公司抓取某宝公司案涉数据产品内容的行为，因此要先对该行为有所了解。数据抓取是指以网络爬虫为核心技术，按照预设路径实现对互联网内容进行浏览，并查找和保存特定信息的过程。从数据抓取的技术原理来看，这一技术本身具有中立性，但对该技术的使用过程会体现出使用主体不同的价值取向，进而产生不同的法律效果。因此，对数据抓取技术的使用是否适度，将直接决定该行为是否构成数据侵害行为。对此适度性的判断需要考虑以下因素：其一，抓取数据的数量与质量。如果抓取方将对方的数据全部或者大部分数据抓取，以及将对方开展经营活动的核心数据抓取，则明显超出了合理限度。其二，被抓取的数据是否公开。经营者将数据公开的行为表明了其默示该数据能够直接被其他主体所收集和利用，因此抓取此类数据处于合理限度的范围之内。相反，若经营者对特定数据采取了安全保护措施，则表明其不想让其他经营者知晓。若经营者抓取的是这一部分数据，显然超出了合理限度。其三，被抓取的数据是原始数据还是衍生数据。原始数据直接来源于数据主体，经营者并没有在其中投入过多的成本，因此对原始数据的抓取属于合理限度内的抓取。衍生数据的形成则是经营者投入大量的时间、人力和物力，对原始数据进行收集、整合和开发的结果，经营者对此拥有财产性权益。因此，对衍生数据的抓取可能会超出合理限度。本案中，某宝公司经营的案涉数据产品属于其对软件用户和商户信息进行深度处理、分析、整合后形成的指数型、统计型、预测型的衍生数据，其对该产品拥有合法的财产性权益。同时，某宝公司通过案涉数据产品获取了巨大商业利益和竞争优势，并在《案涉数据产品服务协议》中明确禁止用户将该产品中的各项数据向外披露，表明某宝公司不想让其他经营者轻易获取该产品的内容。在此情形下，某景公司仍然通过技术手段对市场行情标准版案涉数据产品和市场行情专业版案涉数据产品进行全部抓取，该行为明显属于超出合理限度的抓取行为。因此，某景公司实施了对某宝公司的数据侵害行为，同时涉及不正当获取行为和不正当使用行为。

第三，是否存在损害后果。损害后果表现为产生了对其他经营者的实质性替代效果。实质性替代是指，一方经营者所提供的产品和服务与另一方经营者几乎完全等同，从而构成了另一方经营者的替代品。消费者只需从两者中选择其一，即可满足自身的消费需求。判断数据市场中数据抓取行为是否产生实质性替代效果的标准包括以下几点：其一，被抓取的数据能否产生规模效应。数据因聚集而产生更大的价值。当被抓取的数据达到一定规模时，抓取方所获得的利益远超单条数据价值累加的总和，从而能够取得与被抓取方分庭抗礼的市场地位。其二，抓取方对被抓取数据的利用行为是否有助于形成自由竞争的市场秩序。如果抓取方将抓取的数据用于自身已有产品或服务的优化和提升，则并不会导致市场中出现同质化产品或服务。[①] 尽管该行为可能会在某种程度上对被抓取方的经营活动造成消极影响，但总体上仍有助于抓取方与被抓取方之间形成良性竞争，维护自由竞争的市场秩序。其三，抓取方在获得利益的同时是否有助于市场的创新。若抓取方在抓取数据后无任何进一步的投入，仅简单变更外在形式就将所获数据向消费者出售，则该行为没有在市场中形成任何创新性内容，应当视作能够产生实

① 参见殷继国：《数据抓取行为规制的目标调适及其路径优化》，载《现代法学》2024年第3期。

质性替代效果的行为。除实质性替代标准外，法院在司法实践中还发展出了“三重授权原则”，即只有同时存在用户对平台经营者的授权、平台经营者对第三方主体的授权、用户对第三方主体的授权时，第三方主体的数据收集和处理行为才是合法的。[①] 缺少其中任何一个授权环节，即视作违法收集和处理数据，有损用户、平台经营者合法权益。笔者认为，“三重授权原则”标准过于严格。数据抓取是数据市场中普遍存在的行为，若要求第三方主体在实施抓取数据的同时取得数据主体和被抓取方的同意，必然会极大地增加其抓取成本，进而影响后续的商业创新，不利于释放数据市场的活力。这也与规制数据市场中不正当竞争行为的初衷相违背。因此，笔者赞同采用实质性替代标准。在反不正当竞争相关规范的起草过程中，实质性替代标准获得了广泛关注。例如，《反不正当竞争法（修订草案征求意见稿）》第18条第1款第2项、第3项和《禁止网络不正当竞争行为规定（公开征求意见稿）》第20条，均采纳了实质性替代标准。本案中，某景公司抓取某宝公司大量的案涉数据产品，作为其开发案涉软件的基础。在这一过程中，某景公司并没有付出自己的劳动创造，其直接使用案涉数据产品中的内容获取商业利益，向消费者提供同质化服务。因此，某景公司的案涉软件实质性替代了某宝公司的案涉数据产品，损害了某宝公司的商业利益。综上所述，某景公司的行为构成了数据市场中的不正当竞争行为，应当受到反不正当竞争法的规制。

---

① 参见北京微某创科网络技术有限公司诉北京淘友天下技术有限公司、北京淘友天下科技发展有限公司不正当竞争纠纷案，北京知识产权法院（2016）京73民终588号民事判决书。

新秀风采
xin xiu feng cai

可选式公司监督机制改革问题研究

王格风*

摘要： 2023 年 12 月 29 日修订的《公司法》（以下简称 2023 年《公司法》）在第 69 条与第 121 条首次引入美国的一元制公司监督机制，并将监督机制的选择留待公司自治。此次改革回应了我国监事会在实践中被长期虚置的现实问题。日本公司监督机制的类似演变表明，监督机构的权力和独立性不可偏废。只有保障监事会的权力、审计委员会的独立性，才能使二者发挥应有功能。为更好地促进监督机构行使监督权，在股份有限公司中，我国公司治理应在一元制治理模式中将提名权与薪酬权赋予审计委员会，同时促进监督与经营分离；在二元制治理模式中提高监事会的权力与地位。而在有限责任公司中，由于普遍存在一股独大的现象，我国公司治理应取消监督机制并对控股股东苛加信义义务。

关键词： 一元制公司监督机制　审计委员会　监事会　控股股东信义义务

一、问题的提出

在公司治理结构中，监督机构是在公司企业规模扩张的背景下，为解决股东

* 对外经济贸易大学法学院硕士研究生。

与高级管理人员间的代理成本问题应运而生的公司治理产物。放眼全球，公司监督机构设置的主要模式有两种：一种是以美国为代表的，以董事会下设审计委员会的方式将监督权交由审计委员会的一元制公司治理体系；另一种是大陆法系普遍采取的，以德国为代表的在公司中设立独立的监事会，并由监事会行使监督权的二元制公司治理体系。我国公司治理体系一直以来遵循着大陆法系“三会一层”式的二元制公司治理体系。2018 年《公司法》中监事会的职权规定在第 53 条①与第 54 条②。根据这一规定，公司由股东会、董事会及监事会组成，监事会作为公司的监督机构行使监督职能。

（一）监督机制的改革背景

虽然 2018 年《公司法》对监事会的法定职权采取了列举式的详尽规定，并为章程自治提供空间，但是受限于一直以来监事会在公司中的定位，我国 2018 年《公司法》下的监事会实际上并无行使上述权力的能力和地位，这也进一步导致了其监督不力以至于被长期虚置的状态。首先，监事会权力的行使严重受限于其在公司治理中的从属性地位。股东会有权选举监事，因而极易发生监事成为委派他的股东的代言人的情形。③ 同时，监事作为公司内部人员，其工作岗位和报酬也严重受制于董事会，④ 直接导致监事会成为董事会的下属，更遑论对董事会行使监督权。其次，监事会并无与其监督权行使相匹配的权力与地位。由于监

① 2018 年《公司法》第 53 条规定：“监事会、不设监事会的公司的监事行使下列职权：（一）检查公司财务；（二）对董事、高级管理人员执行公司职务的行为进行监督，对违反法律、行政法规、公司章程或者股东会决议的董事、高级管理人员提出罢免的建议；（三）当董事、高级管理人员的行为损害公司的利益时，要求董事、高级管理人员予以纠正；（四）提议召开临时股东会会议，在董事会不履行本法规定的召集和主持股东会会议职责时召集和主持股东会会议；（五）向股东会会议提出提案；（六）依照本法第一百五十一条的规定，对董事、高级管理人员提起诉讼；（七）公司章程规定的其他职权。”

② 2018 年《公司法》第 54 条规定：“监事可以列席董事会会议，并对董事会决议事项提出质询或者建议。监事会、不设监事会的公司的监事发现公司经营情况异常，可以进行调查；必要时，可以聘请会计师事务所等协助其工作，费用由公司承担。”

③ 参见施天涛：《让监事会的腰杆硬起来——关于强化我国监事会制度功能的随想》，载《中国法律评论》2020 年第 3 期。

④ 参见崔文玉：《公司治理优化视域下的监事会制度重塑及其功能实现》，载《现代法学》2022 年第 6 期。

事会本身只行使监督职能而不参与公司经营管理，监事会的监督仅局限于对公司经营活动的事后的、法律的监督，局限于纠正错误，而无法及于风险防范，[①] 监督内容极其有限。同时由于2018年《公司法》规定的监事会监督权过于抽象而难以落实，导致现实中监事会不仅无法对被监督对象享有人事权、薪酬决定权等实质性权力，反而处处受其制约。最后，监事会缺乏专业知识的特点也导致监督无从谈起。作为公司监督机关，监事会成员来源多样化且民主化的监事会却未对监事的审计、财会、法律等专业知识有所重视，导致监事在行使监督权时力不从心，[②] 监督权因而归于形式化。由此可见，监事会在中国公司治理中的边缘化地位已经成为普遍事实，监督机制的改革已是箭在弦上。

（二）2023年《公司法》确立的可选式公司监督机制

相较于完善监事会制度，2023年《公司法》选择了可选的监督机制。这是由于监事会存在着立法之初就存在的根本性制度问题。从2023年《公司法》观之，我国监督机制的改革与日本颇为相似。同样是最初采取监事会模式的日本在20世纪也面临着与我国目前同样的监事会监督不力的问题。从20世纪末至21世纪初，日本进行了多次连续性、具有针对性的加强监事职权的修法活动，监事会监督权已经难有进一步强化的余地。[③] 然而即使是这样，仍然无法摆脱监事受制于经营者、职权配置不合理等监督职权行使的困境。这也是我国《公司法》不采完善监事会制度的选择而改采二元制监督模式的原因所在。

2023年《公司法》将监事会从必选项改为可选项，同时确立了监事会、审计委员会二选一的监督机制。有限责任公司与股份有限公司可选的公司监督机制

---

① 参见王谨：《公司治理下的董事会职权体系完善研究》，载《法学杂志》2022年第2期。

② 参见冯果、吴雅璇：《一元制公司治理结构下董事会的功能检视与再造》，载《北京理工大学学报（社会科学版）》2022年第5期。

③ 参见蔡伟：《公司内部监督责任体系的困境——基于对监事的再思考》，载《中外法学》2018年第6期。

分别规定于2023年《公司法》的第69条[①]与第121条[②]。对于有限责任公司，2023年《公司法》采取概括式的原则性规定，仅规定公司可以在董事会中下设审计委员会，从而完全取代监事会或监事。而对于审计委员会的设置要求，2023年《公司法》则并未设限。与此同时，2023年《公司法》也在第83条[③]中取消了有限责任公司监督机构的强制性设置，规定满足一定条件的有限责任公司可以不设监事、监事会或审计委员会。因此在2023年《公司法》下，有限责任公司可以任意地选择不设监督机构，或选择监事、监事会、审计委员会作为其监督机构行使监督功能。

而对于股份有限公司，2023年《公司法》除了规定审计委员会对监事会的替代功能以外，还针对审计委员会的设置方式与董事任职条件进行了进一步规定。首先，代替监事会的审计委员会应全部由董事组成。其次，为确保审计委员会的独立性，审计委员会中应有过半数的独立董事，其不得在公司担任除董事以外的其他职务，不得与公司存在任何可能影响其独立客观判断的关系。对于审计委员会的具体职能与除审计委员会以外的其他委员会的设置，2023年《公司法》未设强制性规定，而是有意交由公司章程自治。

2023年《公司法》采取的监事会、审计委员会二选一的模式，具有充分的可取之处。首先，2023年《公司法》将选择监督机制的权利充分赋予公司，避免对公司治理采取“一刀切”的做法而导致普遍无效率的公司运行机制。通过

---

① 2023年《公司法》第69条规定：“有限责任公司可以按照公司章程的规定在董事会中设置由董事组成的审计委员会，行使本法规定的监事会的职权，不设监事会或者监事。公司董事会成员中的职工代表可以成为审计委员会成员。”

② 2023年《公司法》第121条规定：“股份有限公司可以按照公司章程的规定在董事会中设置由董事组成的审计委员会，行使本法规定的监事会的职权，不设监事会或者监事。审计委员会成员为三名以上，过半数成员不得在公司担任除董事以外的其他职务，且不得与公司存在任何可能影响其独立客观判断的关系。公司董事会成员中的职工代表可以成为审计委员会成员。审计委员会作出决议，应当经审计委员会成员的过半数通过。审计委员会决议的表决，应当一人一票。审计委员会的议事方式和表决程序，除本法有规定的外，由公司章程规定。公司可以按照公司章程的规定在董事会中设置其他委员会。”

③ 2023年《公司法》第83条规定：“规模较小或者股东人数较少的有限责任公司，可以不设监事会，设一名监事，行使本法规定的监事会的职权；经全体股东一致同意，也可以不设监事。”

赋予公司选择权，促进其主动选择适合当下市场环境与其个性化特点的最佳公司治理机制。其次，可选的公司监督机制带来了极大的公司治理灵活性与弹性。然而，这仅只是我国公司监督机制改革的开端。董事会下设审计委员会的公司监督机制已经在英美法系国家运行数十年。同时可选的公司监督机制的立法模式事实上也并非我国首创，日本在 20 世纪陷入了与我国同样的监事会监督不力的困境后，于 2003 年即走上了可选的公司监督机制的改革道路，并在随后的 20 年发展完善。此次我国 2023 年《公司法》中公司监督机制的改革可以说是有迹可循的。但是不论是最初的美国还是采用选择制度的日本，审计委员会并未产生设想中应有的监督效果。一方面，域外监督机制的改革经验可以充分为我国所吸收；另一方面，由于我国公司普遍具有的控股股东控制公司的现象，监督机制改革仍需作出符合我国公司特点的进一步细化。因此，对于此次公司监督机制的改革，关键是回答如下问题：首先，可选的公司监督机制是否存在以及存在何种制度弊端且如何避免？其次，2023 年《公司法》对于公司监督机制的规定仍然是概括性的，那么如何更好地细化监事会与审计委员会的权力运行机制与监督功能从而使其符合我国公司现状？对于上述问题，本文将作更加深入的探讨。

二、公司监督机构改革路径的域外视角

日本公司监督机制的发展进程对于我国此次监督机制的改革具有极大的借鉴意义。如上文所述，可选的公司监督机构的立法模式并非我国首创。日本在 21 世纪初即进行了可选的监督机制的改革并取得了较大成效。我国 2023 年《公司法》此次对监督机制的修改与日本极为相似，可以较大程度上参考日本的做法。此外，我国与日本相邻的地理位置造就了两国近似的历史与文化传统，日本改革前监事会的虚置现象与我国当下具有高度相似性，因此我国公司法一直以来都受到日本的影响，监督机制也不例外。虽然监事会与审计委员会的公司监督机构分别滥觞于德国与美国，但是日本公司法与我国更加类似的监督机制的改革选择使得日本对我国具有更为直接的影响。德国监事会制度虽已高度成熟，但其与我国监事会制度的根本差异在于前者在公司治理中具有极高的地位与权力，这无论是对于目前的中国公司还是长久以来的日本公司，都是难以企及的。由此可见，日

本可选的监督机制改革及其在随后几十年内产生的效果，都更值得我们关注。

近二十年内，通过观察日本改革后监督机制在实践中的发展可以发现，审计委员会制度设计之初设想的监督作用似乎并没有想象中那么简单和直接。由此可见，可选的公司监督机构的确立也仅仅是改革的起点。如何完善审计委员会的运行机制与成员选任模式，以及是否将长久维持公司监督机制的选择性抑或通过选择性的方式使中国公司监督机制实现从监事会到审计委员会的平稳过渡，都是此后我国公司法无法回避的问题。接下来，本文将对日本监督机制的改革作深入分析，希望能够厘清中国在本次公司监督机构的改革中即将面临的挑战。

（一）二元制公司监督机制的权力行使

日本于1899年制定《商法典》之初，即采用了法定审计师的公司监督机制。法定审计师在公司中的地位和职权类似于我国的监事会，根据《日本商法典》规定，法定审计师由股东会选举产生，可以列席董事会会议以监督董事的经营活动，但在会议上没有表决权，也无董事的任免权。① 由于其与我国监事会类似的附属性、非专业化的特点，在随后的公司治理实践中，日本产生了上述与我国同样的监督机构形骸化的问题。

为了回应监督机构的虚置，日本在随后的修法中并未放弃法定审计师制度，并以强化法定审计师的监督职能为目标，进行了长达半个多世纪的修法活动。一方面，《日本商法典》通过赋予法定审计师对董事违法行为的禁止请求权、董事会会议的出席权及意见陈述权、各种诉讼的提起权等广泛权限，② 扩大了法定审计师的职权范围；另一方面，《日本商法典》改革还增加了法定审计师人数，并将法定审计师的任期逐渐延长至四年，③ 大大提升了监督机构的影响力与地位。经过一系列立法活动，可以说当时日本监督机构的权力已无从进一步强化，然而

① Maria Lucia Passador, "Corporate Governance Models: The Japanese Experience in Context," 15 *Dwpaul Business and Commercial Law Journal* 25, 36 (2016).

② 参见曹冬媛：《日本公司监督模式的制度选择及其启示》，载《江西社会科学》2017年第1期。

③ 参见曹冬媛：《日本现代公司治理监督机制模式演变及启示》，载《商业研究》2017年第3期。

监督权行使的实际成效仍然不明显。

事实上，德国是采用监事会作为公司监督机制的鼻祖，其赋予监事会的极大权力使得监事会制度为德国公司治理带来了极大的成效。德国监事会制度与彼时的日本法定审计师制度的最大区别即是二者在公司中所处的地位不同。在德国公司中，监事会是位于董事会之上的机构。根据《德国股份公司法》的规定，监事会是公司的领导机构，每年至少召开四次会议，负责选举董事，决定董事会的运营规则及董事报酬和任免，同时负责审查董事会及其业务经营。[①]《德国股份公司法》赋予监事会的上述权力在实质上将监事会立于董事会之上。与此同时，德国学界也早已意识到，独立于被监督者的监事会受到监督权力事后性、监督内容合法性的限制，因此，合格监督不应仅限于单纯的审查，还要求能够对审查对象施加影响。[②]《德国股份公司法》独创性地设立了同意保留制度，扩大了监督权的行使范围。根据《德国股份公司法》第111条第4款的规定，对于特定类型的业务，董事会必须经监事会的特别同意才能实施。这样一来，公司的经营管理仍由董事会独立负责，而监事会仍可通过个性化的同意保留对经营管理决策施加一定程度甚至决定性的影响。[③] 这样的做法在保障监事会不实质性地介入经营管理过程的同时，又可以通过否决权的行使实现其对经营活动全程的监督，并且监督内容兼具合法性与合理性。这样一来，监督权得以贯穿经营活动的始终，监事会的地位得到进一步巩固。

在监督者与被监督者的关系中，只有前者的地位高于后者、前者充分控制后者，监督功能才得以发挥作用。这样简单的道理并非没有为日本立法者所了解。日本公司法难以进一步向德国公司法靠拢的根本原因，实际在于日本以职工为导向的传统文化。在日本社会中，公司采取终身雇佣制。公司员工倾向于认为，其

---

① 参见郭雳：《中国式监事会：安于何处，去向何方？——国际比较视野下的再审思》，载《比较法研究》2016年第2期。

② 参见杨大可：《审计委员会能代替监事会吗？——兼论公司内部监督机构的应然职责》，载《中国政法大学学报》2022年第5期。

③ 参见杨大可：《审计委员会能代替监事会吗？——兼论公司内部监督机构的应然职责》，载《中国政法大学学报》2022年第5期。

工作的终极目标是通过内部层层晋升，攀升为董事。[①] 而法定审计师从一开始即被日本公司法定位为公司的终身雇员，其自然没有资格对作为管理者的董事会提出质疑，更无从行使监督职能以对抗董事会。[②] 与此同时，这样的传统也导致公司董事会的权力绝不允许由外部人控制，[③] 外部审计师的引入并不能填补内部监督机制的功能缺失。因此，法定审计师的出身就从根本上决定了其从属性地位和有名无实的监督权力。无论公司法对其地位如何强调，法定审计师至多是和董事会平行的机构。法律的修改仍然受限于其文化传统，无法根除日本社会对法定审计师地位的认识。至此，日本对新的监督机制的需求已经呼之欲出。

（二）一元制公司监督机制的独立性

修订案的起草者意识到，仅仅完善传统的法定审计师制度无法弥补监督机构权力受限的缺陷。与此同时，彼时正处于第二次世界大战后阶段的日本，为了尽快恢复因战争而遭受巨大损失的经济，引进外国资本特别是美国资本成为当务之急。[④] 基于上述原因，从法定审计师监督走向董事会监督已经成为日本公司法的必然选择。在这样的认识下，日本国会于 2002 年 5 月通过了修改《商法典》的议案，引入了美国公司治理中的三委员会模式。在新的监督机制中，董事会下设三个法定委员会：审计委员会、提名委员会和薪酬委员会。每个委员会由至少三名成员组成。[⑤] 不似提升监事会权力的乏力，《商法典》对董事会下设委员会赋予的职权大大增强了监督机构的权力：审计委员会取代法定审计师的职权，行使对公司经营活动的监督权。提名委员会提出任命和重新任命董事的方案供股东会批准，同时评估管理层的更换计划。薪酬委员会负责决定董事、经理和执行董事

---

① Maria Lucia Passador, "Corporate Governance Models: The Japanese Experience in Context," 15 *Dwpaul Business and Commercial Law Journal* 25, 42 (2016).

② Bruce E. Aronson, "The Olympus Scandal and Corporate Governance Refoem: Can Japan Find a Middle Ground Between The Board Monitoring Model and Manacement Model?," 30 *Pacific Basin Law Journal* 93, 141 (2012).

③ 参见沈朝晖：《单层制公司董事会监督功能构造》，载《政法论坛》2022 年第 4 期。

④ 参见姜荣吉：《难行监督之事的监事》，载《北方法学》2013 年第 6 期。

⑤ Curits J. Milhaupt, "Evaluating Abe' s Third Arrow: How Significant Are Japan' s Recent Corporate Governance Reforms?" 4 (2017).

的个人薪酬。[①] 全面掌握对执行董事的人事权、薪酬决定权与监督权，这使得三委员会的地位高于执行董事，监督权的行使更加有力。而由于董事会下设的审计委员会承担了公司业务执行的监督与检查责任，为了避免机关的重复设置，该类公司无须设置监事一职。[②]

然而日本监督机制的改革并未就此停止。2011 年，日本接连发生了包括大王制纸株式会社（Daio Paper Corporation）案件与奥林巴斯株式会社（Olympus）案件在内的两起重大公司治理丑闻。在两起丑闻中，董事会均无一例外地被指责没能及时发现并防止高级管理人员的违法行为，这也昭示着三委员会制度的采用似乎并未全然有效解决日本公司治理中的监督问题。日本三委员会模式的缺陷十分明显——独立性不足。独立董事是美国审计委员会实现独立性的关键制度。在 2002 年日本公司监督机制改革时，立法者也希望充分借鉴该制度，通过增加外部董事的数量和影响力加强董事会的监督作用。[③] 但是独立董事制度的引入在日本产生了障碍：在新《商法典》出台前，日本学界曾就是否引入外部董事展开了激烈的讨论。有相当一部分反对声音认为这样的做法关注监督机制的形式大于实质。事实上，彼时许多公司个性化的监督机制已经成功改善了公司治理。而法律将形式主义的外部董事规则强加给这些公司，只会适得其反，妨碍最适当的治理结构的形成。[④] 为了减弱改革的激进程度，立法者最终作出的妥协导致了监督机构独立性的缺失。

首先，新《商法典》对外部董事采取了较为宽松的定义，但这也恰恰淡化了三委员监督模式的根本目的。[⑤] 在 2002 年的《日本商法典》中，外部董事是

---

① Maria Lucia Passador, "Corporate Governance Models: The Japanese Experience in Context," 15 *Dwpaul Business and Commercial Law Journal* 25, 41 (2016).

② 参见姜荣吉：《难行监督之事的监事》，载《北方法学》2013 年第 6 期。

③ Peter Lawley, "Panacea or Placebo? An Empirical Analysis of The Effect of The Japanese Committee System Corporate Governance Law Reform," 9 *Asian-Pacific Law&Policy Journal* 105, 114 (2007).

④ Maria Lucia Passador, "Corporate Governance Models: The Japanese Experience in Context," 15 *Dwpaul Business and Commercial Law Journal* 25, 34 (2016).

⑤ Tomotaka Fujita, "Modernising Japanese Corporate Law: Ongoing Corporate Law Reform in Japan," 16 *Singapore Academy of Law Journal* 321, 339 (2004).

指现在和以前从未担任过公司或其子公司的执行董事、高级职员或雇员的董事。然而，这种名义上的独立董事并不能保证与公司控股股东或其他利益相关者的利益分离。例如，公司可以合法地任命其亲友做外部董事，从而达到稳固管理层的目的。① 这也导致了在实践中存在三委员会制度被滥用的现象。

其次，相比美国的审计委员会制度，日本三委员会制度的采用并未使经营管理与监督实现有效分离。在彼时的美国，典型单层制公司的董事已经经历了从经营监督合一到以监督为主的职能演变过程。一般管理层中只有首席执行官进入董事，其余董事会成员均为独立董事。② 而在采用三委员会模式的日本公司中，外部董事仍然参与公司的经营管理。在结合日常经营管理和监督职能为一体的基础上，董事会既是公司的经营管理者，又承担着监督自己的义务，③ 这最终导致了监督者也是被监督者的悖论。对董事会管理职能的错误强调所产生的负面影响同样也作用于外部董事制度上。由于外部董事不熟悉公司事务，因此其通常难以胜任董事职责，外部董事的选任也因而变得更加困难。

（三）两种监督机制的互补性特点

实际上，二元制公司监督机制与一元制公司监督机制的特点是互补的。德国很早就意识到管理公司和监督公司的人员必须区分，因此监督机制的初衷也是在董事会外设立一个独立的监督机构，监事会由此诞生。而独立性则必然导致监督者与被监督者过于遥远的距离。随后德国的立法活动即是围绕保障监督权力的行使而展开的。德国立法者着力提升监督者在公司治理中的地位，并赋予其同意保留的权力，在经营与监督分离的前提下，使监督者能够约束经营管理活动并充分行使事中监督。与之相反，一元制公司监督机制则以保障监督权力为前提。监督

---

① Peter Lawley, “Panacea or Placebo? An Empirical Analysis of The Effect of The Japanese Committee System Corporate Governance Law Reform, 9 *Asian-Pacific Law&Policy Journal* 105, 114-115 (2007).

② 参见沈朝晖：《单层制公司董事会监督功能构造》，载《政法论坛》2022 年第 4 期。

③ Bruce E. Aronson, “The Olympus Scandal and Corporate Governance Refoem: Can Japan Find a Middle Ground Between The Board Monitoring Model and Manacement Model?,” 30 *Pacific Basin Law Journal* 93, 126 (2012).

者与被监督者同属董事会成员，前者可以充分实现对后者的控制。但是这也造成了监督者自我监督的困境。基于此，美国开始将董事会成员区分为执行董事与非执行董事,[①] 随后又逐渐将经营管理职能转移到其下属的高级管理人员手中，而只保留董事的监督职能与对经营决策的事后决定权。最终实现了管理者与监督者身份的有效分离。

从德国与美国的监督机制经验可以看到，合格的监督者与被监督者的关系应该是若即若离的。如果过于亲近导致经营与监督不分彼此，二者将沆瀣一气，使监督沦为空谈；但是如果过于疏远，则将导致监督者无法了解被监督的事项，监督权有名无实、监督者有心无力。不难看出，德国和美国的监督机制改革实际上在上述问题中达成共识并产生了殊途同归的效果。一元制与二元制重要的共同点即是：一方面，监督者的权力大于被监督者。监督者都是被监督者的上位机构，前者对后者具有人事权、薪酬决定权等关键性权力。另一方面，监督权均独立行使。监督者对经营管理活动的决定权都是事后的，而对于监督权力的行使则是贯穿始终的。这也是同时实现监督、经营分离，以及保障监督权力的重要原因。在此前提下，监督便不再具有障碍了。由此观之，起初日本公司监督机制改革的动因是受到传统文化影响的日本法定审计师始终无法具有超越董事会的地位和权力，因此不似德国监事会能够对董事会施加足够大的影响。在改采美国的三委员会制度后，问题则产生于独立董事的宽泛定义使其并未在真正意义上实现独立。因此，无论是对于一元制公司监督机制还是二元制公司监督机制，监督权力以及监督的独立性均构成监督权行使的重要前提，二者不可偏废。

三、我国公司法监督机构改革的类型化评析

2023 年《公司法》在公司监督机制的改革中引入审计委员会制度，并借鉴了《日本公司法》的可选择模式。从前文内容可知，日本传统的二元制监督机制与随后引入并发展至今的一元制监督机制都在实践中产生了诸多问题。对这些

① 参见季奎明：《中国式公司内部监督机制的重构》，载《西南民族大学学报（人文社会科学版）》2020 年第 4 期。

问题的改善也应当被充分考虑并进一步细化。

实践中根据规模大小，公司可以分为小型封闭公司、大型公众公司以及界于二者之间的普通公司。而具有普适性的传统公司法通常只适合于普通公司。对于封闭公司与公众公司而言，根据其在实践中的不同特点所产生的问题，也应当有配套的制度加以规制。对于大型公众公司，公司的控制权实际上掌握在全职的专业经理层手中，而非股东会或董事会；对于小型封闭公司，其更类似合伙，由股东兼任董事或经理，所有权与经营权实际上并未分离。[①] 在公司监督机制的设置上，如果法律一味强加形式主义的规则，要求所有公司统一设置监督机构，将不仅难以产生应有的监督效果，而且会在选择模式中阻碍最佳的治理结构的形成。因此，我国公司治理应当在有限责任公司与股份有限公司的分类下，根据公司规模大小制定不同的公司监督机制。

（一）股份有限公司

股份有限公司普遍属于公众公司，由董事会与经理层承担经营管理职能，监督机构也理应成为股份有限公司中消除代理成本的必然选择。同时，公众公司往往涉及对公众股东利益的保护，公司监督机制的重要性不言而喻。在股份有限公司中，应当设立监督机构，并为监督机构设定更多限制性规定。从前文内容可知，德国的二元制监督机制与美国的一元制监督机制在加强对经营管理者的监督这一目的上并无优劣之分。因此，不论采取哪种制度，只要适用得当并不断加以完善，都可以充分发挥监督机构的功能。但不论是监事会模式还是审计委员会模式，都未达到德国和美国的完善程度，立法者采取可选择的公司监督机制体现了我国公司监督机制的谦抑性。在赋予公司较大的自治空间、避免过度干涉商业自由前提下，选择模式为实践中公司治理的创新提供条件，更有助于促进监督机制在实践中的进一步完善。

1. 2023 年《公司法》的积极意义

2023 年《公司法》有诸多可取之处。首先，根据 2023 年《公司法》第 121 条第 2 款规定，过半数成员不得在公司担任除董事以外的其他职务，且不得与公

① 参见施天涛：《公司法论（第四版）》，法律出版社 2018 年版，第 299 页。

司存在任何可能影响其独立客观判断的关系。相比《日本商法典》中的外部董事概念，2023 年《公司法》中采用独立董事概念。前者仅仅独立于公司的经营管理。而后者不仅独立于公司的经营管理，而且还独立于公司的任何方面。这使得监督者的独立性得以保障。2023 年《公司法》相比日本制度的改进应值得肯定。其次，2023 年《公司法》明确规定了设置审计委员会的公司不再设监事会。由于二者均在公司中行使监督职权，同时设置将导致二者职责的重叠，不仅无益于监督权力的行使，更增加了无意义的公司治理成本。笔者亦充分认同这样的修改。最后，2023 年《公司法》删除了第一次审议稿中对于审计委员会职责的规定。在第一次审议稿发布后，学界对其中关于审计委员会职责的规定产生分歧：审计委员会的职责是仅限于第一次审议稿第 125 条中规定的“对公司财务、会计进行监督”，还是不限于此。因此，2023 年《公司法》将其删除，明确了公司可以根据其实际情况规定审计委员会的具体职责，以消解学界的争议。这也意味着公司可以进一步决定使审计委员会仅负责监督，或类似日本最新的审计委员会或监督委员会模式，使审计委员会合并监督、薪酬决定、提名的权力为一体。

2. 2023 年《公司法》的制度局限

然而笔者认为，2023 年《公司法》在制度设计上仍然较为保守。一元制公司监督机制在美国已经发展得较为成熟，且近些年日本对于美国监督机制的移植也充分展现了其在实践中可能出现的问题。因此，我国公司治理对于审计委员会相关制度的规定可以更加明确。同时，我国公司大多对于一元制公司监督机制较为陌生，2023 年《公司法》也理应以任意性规定的方式作出提示。

首先，与美国的三委员会制度相比，我国 2023 年《公司法》在移植的过程中仅明确规定了审计委员会的设置，对于薪酬委员会与提名委员会则只字未提，仅规定“公司可以按照公司章程的规定在董事会中设置其他委员会”。但是根据上述对日本监督机制改革的反思可以看出，监督机构是否掌握人事权与薪酬决定权均对于监督机构的地位有着决定性影响。一方面，只有监督者掌握被监督者的人事权与薪酬决定权，才能实现前者对后者的控制。另一方面，在传统的公司中，经理通常作为董事，在董事会中掌握对继任者的实质决定权。而通常情况下最有可能发现经理存在欺诈行为的其实是继任经理。若不将人事权从经理手中转移，将导致经理倾向于选择帮其隐瞒造假的继任者。人事权的转移将消除这样的情况。因此，公司治理应当明确的是，薪酬决定权与提名权均应当归属独立董事，也即监督者。公司必须选择或是同时设置审计、薪酬、提名三委员会，或是赋予审计委员会以薪酬决定权与人事权。

其次，未来中国一元制的公司监督机制也将走向监督与经营管理分离的模式，这是确保监督职能有效性的重要前提。在公开公司中，实际运作公司的主体是经理层。经理通常也是公司董事长，其可以控制董事候选人的提名权、支配董事会会议及议程，股东大会对公司的重大决策权也仅仅体现为对经理决策的赞成或反对。[①] 因此在实践中，公开公司中早已形成了经理行使经营管理职权的趋势，董事会退出经营管理职能而专注于监督权的行使也不存在障碍。2023 年《公司法》中对于审计委员会是否参与经营管理则语焉不详。其采取的表述是“股份有限公司可以按照公司章程的规定在董事会中设置审计委员会，行使本法规定的监事会的职权……”。根据文意解释似乎并不能得出审计委员会的全体成员作为董事会成员不在董事会中具有表决权的结论。

最后，我国 2023 年《公司法》采可选的公司监督机制并不意味着公司治理将弃监事会制度而改采审计委员会制度，且目前仍有大量公司采用二元制公司监督机制，因此对于监事会的职能完善仍然不可忽视。与日本以职工为导向的传统不同，我国公司并无类似的障碍。2023 年《公司法》已于第 80 条第 1 款增加“监事会可以要求董事、高级管理人员提交执行职务的报告”，但是这仍然不够。2023 年《公司法》应当充分借鉴《德国商法典》中监事会对董事会成员的人事任免权、薪酬决定权以及质询权，同时通过同意保留制度，实现监事会对经营活动全程的监督。

（二）有限责任公司

1. 无须设立监督机构

2023 年《公司法》第 83 条明确取消了有限责任公司必须设置监督机构的强制性规定。在规模较小的有限责任公司中，经全体股东一致同意，可以不设监事会。而对 2023 年《公司法》进行体系解释，也应允许有限责任公司在上述条件

① 参见施天涛：《公司法论（第四版）》，法律出版社 2018 年版，第 311 页。

达成的情况下，不设审计委员会。2023 年《公司法》的上述突破应值得肯定。与日本公司中以职工为导向的文化不同，我国公司法中更为普遍、尖锐的问题则是公司中一股独大的现象。因发展方向、长远利益、经营方针、重大交易、利益分配和人事安排等各种事项的不同思路和主见，股东之间常常产生内部矛盾。[①]而大股东通常兼任董事或经理，有权对公司施加控制，进而导致了大股东对中小股东的欺压。

有学者认为，在此情形下监督机构的监督对象应当及于控股股东。[②] 但是笔者认为这样的观点有失妥当。在历史上，监督机构并不是与公司同时出现的。随着经济的快速发展，公司规模逐渐发展壮大，股东通常无法经营公司或不愿亲自经营公司，于是其以“委托人”的身份将企业的业务经营和事务管理委托给他的“代理人”,[③] 也即高级管理人员。在所有权与经营权分离的情况下，高级管理人员很可能会利用信息不对称的公司治理漏洞，实施违背股东利益的行为以满足私欲。监事会的出现则是在公司规模较大、股东众多的情况下，用以解决股东与高级管理人员之间的上述代理成本问题的突破口。而在规模较小的公司中，股东往往亲自从事经营管理，股东与管理层之间通常不存在委托代理成本，因而无须设立监督机构，由监督机构对作为委托人的股东实施监督更是无稽之谈。故在规模较小的有限责任公司中设置监督机构实则缺乏理论基础，长期以来在我国有限责任公司中设置的监事会也只是徒增公司治理成本而无实际监督作用。

退一步讲，即使突破监事会原本存在的理论基础，设立监事会从而监督控股股东的方式也难以为继。从前文内容可知，监督权行使的关键前提是监督者具有超过被监督者的地位。在有限责任公司中，监事通常由股东会选任，而控股股东在股东会上具有决定性的表决权，因而控股股东实际上控制了监事的人事任免权。控股股东自然会选择支持他的监事，并在其违背控股股东意愿的情况下更换他人。因此，监事的地位只能依附于选举他的控股股东，更遑论位于控股股东的地位之上了。另外，在采用一元制的公司监督机制的情况下，由于有限责任公司

---

① 参见赵旭东:《中国公司治理制度的困境与出路》，载《现代法学》2021 年第 2 期。

② 参见冯果、吴雅璇:《一元制公司治理结构下董事会的功能检视与再造》，载《北京理工大学学报（社会科学版）》2022 年第 5 期。

③ 参见施天涛:《公司法论（第四版）》，法律出版社 2018 年版，第 296 页。

具有人合性，由股东选举出的审计委员会成员通常难以满足独立董事的严格定义。因此，即使是引入审计委员会中的独立董事，监督机制仍然类似于监事会的内部监督。这也将导致独立董事这一具有关键作用的制度失效。

2. 建立控股股东信义义务

基于上述原因，公司一股独大的现象将导致公司任何机关都无一例外地服从控股股东一人安排。诚然，控股股东基于在公司的所持股权，其在公司资本多数决的原则下行使法律与公司章程赋予他的权利，自然应受保护。但是在控股股东控制公司的情况下，其可能出于对私欲的追求而作出对公司整体以及其他中小股东不利的行为。在股东会上中小股东的意志往往被控股股东的意志所吸收和征服，股东会变成了“控股股东会”，甚至出现“一人股东会”的尴尬现象。[①] 资本多数决仅仅保护了形式上的股东平等，而在控股股东控制公司的情况下并未保障其他股东的实质平等。

为了保护股东的实质平等，法律理应在由控股股东控制的有限责任公司中采用特别规定。然而，虽然控股股东实质上对公司享有控制权，但是其在公司法上几乎没有任何特殊地位：既不是法定的治理机构，也不拥有任何决定和管理公司事务的职权；既不享有任何特别的权利，也不负有任何特别的义务，更不承担任何公司治理的责任。[②] 对于控股股东基于控制公司所应承担的义务，2023 年《公司法》仅在第 21 条作出规定。但是，一方面该条文的表述过于宽泛，另一方面其并未进一步规定违反该条所应承担的具体责任，因此使得控股股东的义务不够完整。对此笔者认为，2023 年《公司法》应当正视我国普遍存在的有限责任公司由控股股东控制的现象。首先，应当承认其在公司治理中的重要地位，而非将其与普通的股东等同看待。其次，对于控股股东承担义务的方式，有学者呼吁应当建立控股股东的信义义务，笔者同样认可这样的观点。信义义务是指事务的管理者应以诚实信用之态度忠实、审慎地履行其法律职责，最大限度地维护受益人利益，具体又可分解为注意义务与忠实义务。[③] 在传统的公司法中，信义义务原

---

① 参见赵旭东：《公司治理中的控股股东及其法律规制》，载《法学研究》2020 年第 4 期。
② 参见赵旭东：《中国公司治理制度的困境与出路》，载《现代法学》2021 年第 2 期。
③ 参见赵旭东：《公司治理中的控股股东及其法律规制》，载《法学研究》2020 年第 4 期。

为公司对董事、监事、高级管理人员在执行职务时苛以的义务。对于这些主体，信义义务来自于其接受股东会委托，代股东会行使经营管理、监督权。而对控股股东而言，由于其在实质上代其他中小股东行使上述权利，因此也应当作为公司的实际经营管理者承担对其他股东的信义义务。对控股股东施加信义义务也是在实质意义上保障股东地位平等的应有之义。

四、结语

2023年《公司法》的颁布标志着我国公司监督机制从必选的二元制监督机制转变为可选的一元制与二元制并存的监督机制。在监事会制度中，监督与经营管理有效分离，但是监督者的地位与权力的限制导致监督职责无法有效行使。而董事会下设审计委员会的模式虽然让监督权更好地贯穿经营管理的全过程，但是也导致了自己监督自己的悖论。

可选制度并没有从根本上解决两种监督机制在移植过程中存在的结构问题，其也可能会让公司治理环境变得过分复杂。实践中，公司是否能理解其中的诸多细节并采取最适合自身的监督机制，仍然是充满挑战的。上述局面很容易导致立法意图设计的自由主义随着实践的发展而形成某种畸化的商业惯例。① 更重要的是，美国与德国的成熟监督机制都是在立法与实践的不断回应与互动中完善的，我国公司监督机制也将面临我国公司治理环境的考验，这同样需要时间的沉淀。这些问题都有待2023年《公司法》实施过程中在立法与实践中逐一解答。

---

① 参见冯果、吴雅璇：《一元制公司治理结构下董事会的功能检视与再造》，载《北京理工大学学报（社会科学版）》2022年第5期。

我国个人破产免责制度规范构建研究

赵懿纯*

摘要：随着社会主义市场经济的发展以及人道主义理念的深入人心，我国构建个人破产免责制度的呼声越发强烈。深圳市先行先试开展了个人破产立法试点工作。本文通过考察英国、美国和德国的立法得失，结合试点地区的实践成果，为我国构建个人破产免责制度在完善立法和相应的配套制度等方面提出建议。

关键词：个人破产　破产免责　制度设计

个人破产免责制度是个人破产制度的核心，是现代破产法发展的重要标志。①《企业破产法》于2006年颁布，其适用对象仅限于法人，故我国立法在个人破产方面仍处于空白状态。近年来，随着社会主义市场经济的发展以及受全球经济形势的影响，负债过高且无法偿还债务的自然人越来越多，出现了法院"执行难"和恶意追债等暴力事件，亟须对个人破产制度加以明确规定，弥补现有《企业破产法》关于自然人破产方面的空白。2018年以来，多部门发布文件提出推动建立个人破产制度：2020年8月26日，深圳市通过了《深圳经济特区个人破产条例》（以下简称《深圳个破条例》）并自2021年3月1日起施行，自此个人破产制度在我国开始建立；2023年3月《最高人民法院工作报告》明确

* 河北师范大学法政与公共管理学院硕士研究生。

① 参见马哲：《论个人破产余债免除制度在我国的适应性及其构建》，载《中国政法大学学报》2019年第4期。

“探索个人破产制度，让诚实而不幸的债务人能有重归市场打拼的机会”；2024年7月中国共产党第二十届中央委员会第三次全体会议通过的《中共中央关于进一步全面深化改革 推进中国式现代化的决定》也再一次作出“探索建立个人破产制度”的部署。

个人破产与企业破产的不同在于个人破产之后主体依然存续，个人破产立法的目的之一是保障债务人的生存与发展，破产免责制度则是实现这一目的的重要制度。同时，免责制度不可避免地会受到公众质疑，认为其赋予了债务人逃债的合法理由。笔者将通过分析域外一些国家的个人破产免责制度，为我国构建能够防范该制度固有缺点的个人破产免责制度提出建议，以寻求破产免责和避免滥用该规则逃债的平衡。

一、构建个人破产免责制度的必要性

（一）公平保护各类市场主体的需要

个人破产制度直接关系到小微企业及其经营者有无能力偿还债务的问题。很多小微企业存在融资难问题，尤其是财务危机企业在财产过度抵押的情况下，若想获得融资只能通过控股股东个人担保的方式获得民间贷款；并且小微企业经营权与所有权高度统一，此时若企业破产，极易引发企业主个人破产问题，但由于缺乏个人破产免责制度，企业主将面临无法免责的困境。

小微企业是市场机体的毛细血管，对保持我国市场活力和解决就业问题都具有积极意义。建立个人破产免责制度可以令企业主无后顾之忧，更好地化解企业同企业主捆绑的债务危机，促使企业主采取积极方式应对企业破产而非卷款“跑路”，以保障正常市场秩序。另外，在缺乏个人破产免责制度的情形下，如果企业破产涉及个人债务，尽管启动了企业破产程序，企业破产也无法帮助企业主本人摆脱债务困境，意味着债务也无法得到彻底清理。

（二）缓解“执行难”问题的需要

20世纪80年代后期至今，随着诉讼案件的增多，无法执行的案件也越来越多，法院“执行难”和“无法执行”的现实困境日益加重。[①] 为了缓解这一压力，人民法院将执行案件移送破产审查（“执转破”），在此过程中，法人可以通过《企业破产法》进行破产清算并注销企业，消灭其债权债务关系；但是于自然人而言，由于其不在《企业破产法》适用范围内，即使债务人确实无财产可供执行，也不能消灭其债务，而仅仅是暂时中止执行，待其有可供执行的财产时再次执行，这意味着债务人在偿还所有债务之前，将永远无法“重生”。

参与分配制度能在一定程度上解决个人破产免责制度缺位的问题，但无法从根本上解决债权债务纠纷。第一，参与分配制度并非破产制度下的一般执行，而仅是个别执行，不能适用于所有债权人，即参与分配的主体仅仅是取得执行依据的债权人，未取得执行依据的债权人的债权依然无法得到清偿，不能满足破产法令所有债权人都能就债务人财产获得公平清偿的立法目的。[②] 第二，参与分配制度无法保护债务人的利益。个人破产免责制度的目的之一就是保障债务人的生存和发展，而参与分配制度没有免除破产个人剩余债务的功能，债务人仍需承担偿还债务的责任。由此，参与分配制度不能代替个人破产免责制度。唯有建立个人破产免责制度才能解决法院积压的“无法执行”和“执行难”案件，有效清理被偿还概率较小的债务，免除确无偿债能力的债务人的清偿责任，并促使其重新成为社会经济生活中的生产力，促进社会经济的良性发展。

（三）平衡债务人、债权人和社会公共利益的需要

个人破产免责制度下，最直接的受益人就是债务人。免责制度赋予债务人“重新开始”的机会。[③] 诚实且不幸的债务人通过个人破产程序，获得重返社会经济生活的机会。目前，多数国家的破产法都要求免责的债务人必须是诚实的债务人，不得欺诈、隐藏、转移自己的财产，这也引导债务人树立诚实的价值观，

① 参见最高人民法院：《最高人民法院关于人民法院解决“执行难”工作情况的报告》，载中国人大网，http://www.npc.gov.cn/npc/c2/c12435/201905/t20190521_276325.html，访问日期：2024 年 12 月 22 日。

② 参见肖建国、庄诗岳：《参与分配程序：功能调整与制度重构——以一般破产主义为基点》，载《山东社会科学》2020 年第 3 期。

③ 参见许德风：《论个人破产免责制度》，载《中外法学》2011 年第 4 期。

主动合作以寻求免责。若不给予诚实的债务人破产免责的机会，其保障基本生活之外的财产都将被用于偿还债务，阻碍其个人的生存和发展；不诚实的债务人反而可能因转移财产等逃债行为而付出较小的代价，与公平正义理念不符。个人破产免责制度保护诚实的债务人，使其不致因确实无法偿还债务而被列为失信被执行人，保障了债务人的基本人权。

个人破产免责制度也有利于债权人利益的实现。个人破产免责制度首先是一项破产制度，其首要目的就是实现债权人的债权，而非免除破产债务人的剩余债务。实践中，尽管债务人已进入强制执行程序，若其并无可供执行的财产，债权人也只能待发现债务人其他财产后再执行，而不能立即实现债权。建立个人破产免责制度有两方面作用。一方面，使债权人和债务人共同承担债权风险，债权人在设定债权时就会更加审慎，将债权无法实现的风险扼杀在摇篮中。债权人也可通过免责制度中的规定积极保护自己的合法利益。第一，破产程序中要求债务人如实登记财产状况、列明债务清单，可以减轻债权人查明债务财产的负担，也在一定程度上避免了债务人偷逃债务；第二，破产制度中的撤销制度，可收回原本用于清偿全体债权人而却被债务人偿还部分或个别债权人的财产，以保证全体债权人公平受偿；第三，破产制度中的中止制度，可以有效防止债务人私下处分财产，实施损害债权人利益的行为。对于债务人私下处分财产的行为，尽管《民法典》中也规定了债权人的撤销权和代位权，但破产法中的有关制度更有针对性，更能保障各债权人公平受偿。另一方面，建立个人破产免责制度可以鼓励债务人重新投入社会生产生活创造更大的财富，而社会整体财富的增加也有助于债权人最终利益的实现。

个人破产免责制度有助于维持社会稳定，促进社会和谐。从目前已有个人破产免责制度国家的运行结果来看，制度的受益者主要是工薪阶层和中下阶层。[①] 德国个人破产原因中，占前三位的分别是失业、离婚或配偶死亡以及患病和毒瘾[②]；美国三分之二的债务人在申请个人破产前就存在就业方面的问题，其他申

① 参见赵万一、高达：《论我国个人破产制度的构建》，载《法商研究》2014年第3期。
② 参见赵万一、高达：《论我国个人破产制度的构建》，载《法商研究》2014年第3期。

请破产的原因主要是离婚和疾病。① 工薪阶层和中下阶层占社会构成中的大多数，若其存在不稳定因素将给整个社会带来极大威胁。不免除其无法承担的剩余债务，可能使其消极怠工甚至破罐子破摔，实施抢劫等危害社会的犯罪行为。存在个人破产免责制度，债务人即可通过破产程序免除剩余债务，重返社会经济生活从而创造更多财富，也减轻了其背负巨额债务的心理负担，防止其作出危害社会的行为。个人破产免责制度的设立对于社会稳定、社会整体经济财富的增加具有不可或缺的作用。

个人破产免责制度之下，诚实且不幸的债务人能够免除剩余债务，重新投入社会生产生活之中，保障了其基本人权；债权人通过相关程序也能积极行使权利保障自己债权的实现，在设定债权时审慎审查，从根本上减少债权风险；整体社会不必承担债务人因无力偿还债务带来的不稳定因素，同时因债务人重返经济生产而获得财富的增加，进一步促进社会和谐和经济发展。

（四）鼓励个人创业、优化营商环境的需要

个人破产免责制度最大限度地鼓励企业家创新创业、参与投资。对生产起积极作用的要素有土地、资本、劳动和企业家才能，企业家才能被部分学者认为是经济发展中最具活力的因素，企业家的创新行为被认为是商业周期和经济发展的根本原因。个人破产免责制度使企业家，尤其是个体工商户、独资企业的股东可以通过破产程序免除债务、合理退出市场成为可能，打消了企业家的顾虑，激发其创业积极性。

从债务人角度出发，个人破产免责制度能够改变小微企业家以个人担保形式为经营承担无限责任的现状，保证其能够退出市场且无须承担无限连带责任，保护和激发其创新能力，同时也能推动企业家完善公司治理，依法经营。对债权人的平等保护是营商环境评价的重要指标。从债权人角度出发，个人破产制度可以减少其在债务人无法清偿全部债务时受到的损失，保证全体债权人能够就债务人财产公平清偿，杜绝个别清偿、债务人转移财产等情形，使全体债权人利益最大

---

① See Elizabeth Warren, "Financial Collapse and Class Status: Who Goes Bankrupt?," *Osgoode Hall Law Journal*, Vol. 41: 115, p. 121-127(2003).

化，从而鼓励债权人尤其是金融债权人完善信贷审查评估、贷款发放管理和债务追收清偿等制度，推动资金流动以及生产要素的重组。

二、域外个人破产免责制度的考察

（一）英国个人破产免责制度

英国立法史中，个人破产立法早于企业破产立法，《1542 年破产法》中就规定了个人破产制度，而公司破产制度则出现于 1844 年。英国也是世界上最早确立破产免责制度的国家。《1570 年破产法》规定，被宣告破产的人交出财产后，批准免除其在破产程序中未能清偿的债务，同时该法也规定对有欺诈行为的破产人实施死刑制裁，是英国立法史上对欠债不还者最严厉的制裁。可见，该法尽管规定了破产人免责制度，但依然认为破产者是有罪的，立法目的仍然是保护债权人。

1861 年以前，只有商人才能申请破产成为破产人，而非商人陷入债务困境只能成为无力偿债者，任由法院监禁处置。[①]《1861 年破产法》废除了自《1570 年破产法》以来的严格区分商人和非商人的制度。《1883 年破产法》首创性认为破产问题关系到债权人、债务人和整个社会的利益，因此破产清算、和解和正式的债务清理程序中，所有债务人都必须接受公开调查。1883 年至 1914 年，英国陆续出台了多部破产法，在破产免责具体制度方面进行了修改。《1976 年破产法》确立了自动免责制度，并修改破产免责程序，使破产人在某些情况下可以自动免责，有学者认为此部破产法开启了“债务人友好型”的立法改革新时代。[②]

1977 年，英国政府成立委员会对《1976 年破产法》及相关法律制度进行全面审查评估，该委员会于 1981 年提交“科克报告”，该报告奠定了现行英国破产制度的根基，强调破产问题关系到债务人、债权人和社会三方的利益，认为破产

① 参见徐阳光：《个人破产立法的英国经验与启示》，载《法学杂志》2020 年第 7 期。

② David Milman, “Personal Insolvency Law: Regulation and Policy,” *Ashgate*, 2005, p. 11，转引自徐阳光：《个人破产立法的英国经验与启示》，载《法学杂志》2020 年第 7 期。

不仅仅有集体清偿、按比例分配、破产免责的作用，更有重要的社会和金融含义。《1986年破产法》整合了基于“科克报告”制定的《1985年破产法》和《1985年公司法》，成为英国第一部融合了个人破产制度和公司破产制度的破产立法。此后，相关后续立法又多次对该法进行修订：第一，《2007年裁判、法院与强制执行法》引入债务纾缓程序，即债务人经过申请后获得债务纾缓令，在一定期限结束后可以豁免其未能清偿的债务；第二，《2002年企业法》将《1986年破产法》规定的3年免责期限改为1年，同时推出破产限制令和破产限制承诺制度；第三，《2013年企业监管改革法》规定债务人的破产清算申请不再向法院提交，而是通过政府网站向破产服务局提交，由政府任命审裁员审查并作出决定；第四，2019年政策安排，于2021年开始实施“喘息空间”计划。①

破产程序中的财产可分为自由财产和破产财产。自由财产是保留给破产人的财产，其可以自由支配和使用，通常包括两部分：一是破产人在工作中使用的必要的工具、书籍、车辆及其他设备；二是满足破产人及其家人基本生活需要所必需的物品。破产财产范围十分广泛，包括金钱、财务、无形财产、任何地方的土地及其各种相关财产、现在或将来产生的应收账款及各种利息。② 在法院开始处理破产后到正式破产免责前，债务人可能会产生新的收入，此时债务人必须基于诚信原则向破产管理人汇报新财产。

（二）美国个人破产免责制度

美国破产制度的价值理念发展经历了以债权人利益为核心到以债务人利益为核心再到如今的债权人和债务人利益并重。美国的破产制度采自动免责模式，即破产免责能够自动执行，无须债务人采取任何行动。《美国破产法》对个人破产的规定主要集中在第七章和第十三章，债务人可以自由选择适用何种程序。第一种程序中债务人要用破产前所有非自由财产清偿债务，但是破产发生之后的收入可免于清偿债务；第二种程序允许债务人现有财产暂时不作清偿，但债务人应列出三年至五年内可以完成的清偿计划，且该清偿计划不得少于前一种程序适用时

① 参见徐阳光：《个人破产立法的英国经验与启示》，载《法学杂志》2020年第7期。
② 参见徐阳光：《个人破产立法的英国经验与启示》，载《法学杂志》2020年第7期。

非豁免财产的总额，在适用破产程序之后应按所定计划清偿债务。[①] 2005 年美国国会出台《2005 年破产滥用预防及消费者保护法案》，增加“收入测试”指标，只有通过收入测试的债务人才能适用第一种破产程序。

美国破产制度采取自动免责模式的同时，也对免责作出了相应的限制。第一是对免责情形的限制，《美国破产法》第 727（a）条规定了债务人在破产程序启动前一年内，有妨害、延迟或者欺诈债权人的意图，实施转让、转移、损毁、破坏或隐匿财产等 12 种不予免责的情形；第二是对免责债务的限制，第 523（a）条规定了子女抚养费、接受教育的贷款等 19 种免责例外的债务，这些债务在债务人通过了个人破产免责程序后依然需要清偿；第三是债务免责的撤销，第 707（b）条规定，如果全新开始将导致对破产程序的滥用，则允许破产法官拒绝给予债务人全新开始。[②]

（三）德国个人破产免责制度

德国的破产免责制度采取许可免责模式，即债务人必须向法院申请才有可能获得债务免除，并且法院需要听取债权人和管理人的意见，最终裁定是否免责。德国在 20 世纪 80 年代才逐渐形成了个人破产免责制度，《德国破产法》并未区分商人和非商人，但实际上当时的破产法并未给非商人提供破产空间。1978 年德国组建破产法委员会，该委员会 1986 年发布的报告中的一个关注重点就是消费者破产问题，1998 年的报告强调消费者债务问题及其对经济的影响，此后消费者破产免责程序的建立得到广泛支持并被写入新的破产法。[③]

德国破产免责制度需要债务人先自行申请提出余债免除申请，以启动余债免除程序，并附让与申明：债务人将自破产申请程序启动后 6 年内获得的劳动收入

---

① 参见史慧敏：《比较法视域下我国个人破产构建进路——以美国个人破产制度经验为借鉴》，载《特区经济》2023 年第 9 期。

② ［美］查尔斯·J. 泰步：《美国破产法新论》，韩长印等译，中国政法大学出版社 2018 年版，第 109 页。

③ See Jason J. Kilborn, “The Innovative German Approach to Consumer Debt Relief: Revolutionary Changes in German Law, and Surprising Lessons for the United States,” *Northwestern Journal of International Law & Business*, Vol. 24: 257, p. 269-270(2004).

让与托管受托人。债权人或受托人可以根据法定的驳回破产免责的理由向法院提出驳回申请，法院在未收到申请时不能依职权主动审查。根据《德国破产法》第290条的规定，申请驳回余债免除的理由主要有六点：一是出现破产犯罪行为；二是作出虚假陈述或虚假承诺的书面说明；三是恶意消费钱财，严重或故意不清偿债务；四是债务人刻意不主动告知债权人有关事项；五是在消费者破产程序中债务人有过错或过失；六是债务人损害债权人利益，使清偿概率变小。

同美国一样，《德国破产法》中的余债免除也规定了四种不予免除债务的例外情形：第一，债务人因故意实施侵权行为所产生的侵权债务；第二，债务人需支付的法定抚养费；第三，税收债务；第四，罚金等与罚金有同等地位的债务。

三、我国试点地区个人破产免责探索

（一）试点地区个人破产现状

我国目前关于个人破产试点工作主要集中在江苏省、浙江省、山东省、四川省和广东省，各试点地区均出台了一系列文件。除广东省深圳市外，各地区个人破产相关文件大多是由中级或基层法院以“实施意见”或“办法”等形式出台；深圳则是由深圳市人大通过《深圳个破条例》，这也是我国首部个人地方性破产法规。所以本文将以深圳试点为对象，对我国个人破产现状进行分析。

自《深圳个破条例》实施以来，截至2024年12月22日，在深圳个人破产案件信息网公开显示的已经立案案件共1039件，有876件已结案，163件未结案，结案率达84.31%。①

对检索到的立案公告进行分析，申请破产的债务人负债的主要原因为生产经营和生活消费，因侵权、赌博等不法行为负债的较少。在债务规模上，以100万元为界限，负债100万元以上、以下约各占50%，负债300万元以下的债务人约占83.51%，负债300万元以上的约有16.49%。在程序上，个人破产案件的执行

---

① 数据来源于深圳市个人破产案件信息网，https：//birp.szcourt.gov.cn/pcczajxxw/gpHome/index，访问日期：2024年12月22日。

程序与破产程序实现了衔接，个人在执行阶段无力清偿债务时，可以在申请破产后中止执行程序直接进入破产程序。在破产结果上，个人破产案件的和解成功率较低，债务人与债权人在和解协议上难以达成一致。

深圳市中级人民法院通过总结《深圳个破条例》实施过程中出现的问题，于2022年5月17日发布《加强个人破产申请与审查工作的实施意见》（以下简称《实施意见》），规定了申请人在提出个人破产申请前应当经过破产事务管理部门的专门面谈辅导。[①]《深圳个破条例》中并未明确规定破产清算、重整以及和解这三类程序的准入规则，导致许多申请人提交的申请资料不全，并且直接申请最为常见的破产清算，并未考虑重整和和解提供的债务纾缓方案等。《实施意见》中则明确了债务人应当根据自身资产状况和债务清偿能力依法合理选择破产程序清理个人债务，并具体规定了不同程序的适用条件和使用方法。

（二）试点地区个人破产制度困境

1. 申请人审核存在困境

尽管免责制度对债务人申请破产具有一定吸引力，但依然有部分无力偿还债务者因担心个人及家庭成员财产被公示并接受社会监督，而选择放弃申请破产，甚至作出损害债权人利益的行为。由于社会生活的复杂性，申请破产的债务人无法与《深圳个破条例》和《实施意见》中规定的申请条件完全吻合，需要法官自由裁量是否允许申请人适用破产程序，导致法院在对申请破产的债务人是否符合破产条件进行判断时主观性过大。

我国尚处于个人破产免责制度起步阶段，社会大众本就对其顾虑较多：一方面，受传统“欠债还钱”观念影响，允许债务人破产免责，难以令社会大众接受。另一方面，债务人本身可能选择直接转移财产以逃避债务，而不选择申请破产；同时，债权人也会顾虑助长债务人欠债不还的气焰，或者心存侥幸若债务人不破产，其债权有完全实现的可能，而不选择申请债务人破产。

因此，对符合条件的申请人进行筛选就尤为重要，筛选结果将影响个人破产

---

① 参见张燕：《“个破”条例实施3年深圳中院受理申请227件 救济最多群体为小微创业者》，载《深圳特区报》2024年3月1日。

制度的公平性以及社会大众对此制度的支持度。

2. 自由财产及不予免责债务的认定存在困难

各国对于破产程序中豁免财产的认定大多采用列举式，在认定自由财产时要平衡债权人与债务人的利益，不仅要维护债权人的债权，也要维护债务人的生存发展权益。[①] 尽管目前对于豁免财产已有了较为普遍的认识，但是在个案中仍需法官对财产性质进行衡量，自由裁量哪些财产可以免于清偿债务。实践中依然存在自由财产认定困难的问题，比如若夫妻一方进行债务清理时，另一方是否有清算义务？破产免责中夫妻双方的哪些财产属于免责范围？夫妻一方或双方申请破产时，夫妻共同财产如何处理？

《深圳个破条例》第97条第1款规定不得免责的债务有：所欠税款之债，故意或者重大过失的人身损害赔偿之债，恶意侵权行为产生的财产损害赔偿之债，违法或者犯罪所产生的罚金之债，基于法定身份关系产生的赡养费、抚养费和扶养费之债，等等。但是对于某些债务是否应免责一直存在争议，比如教育贷款，美国对教育贷款的免责规定经历了从可免除到相对限制免除再到严格限制免除的转变。事实上，只有少数国家排除了教育贷款的免责。[②] 目前在我国，助学贷款是非市场化的，完备的清偿机制也对防范还贷违约效果明显，我国目前教育贷款违约率并不高，因此笔者认为我国的教育贷款不应在不予免责的债务之中。

个人破产免责制度保护诚实且不幸的债务人，不予免责的债务的本质是侵害社会公共利益或债权人利益的债务，对这些债务不予免责的原因可能是债务本身性质不宜免责，也可能是债务人实施了隐匿财产等主观恶意侵害债权人债权的行为。实践中存在多种不易被发现的债务人隐匿财产或拖欠债务的行为，需要对不予免责的债务和豁免财产进行更加清晰的厘定。

3. 缺乏有效监督机制

个人破产免责制度下，债务人很有可能在进行投资等生产经营活动时降低谨慎程度，产生道德风险。进入执行程序的债务人，可以被列入失信被执行人名

---

① 参见唐晓雪：《审慎推进我国个人破产法的若干思考》，载《南方金融》2020年第11期。

② 参见徐阳光：《个人破产免责的理论基础与规范构建》，载《中国法学（文摘）》2021年第4期。

单，促使债务人因内心不安或生活不便而尽快清偿债务；但对进入个人破产程序的债务人而言，则缺乏相应的限制其行为的监督措施，使部分债务人企图通过个人破产免责制度逃避履行债务，加剧了债权人与债务人之间的紧张关系。债权人会对当债务人的个人债务清理方案通过后如何进一步监督债务人履行债务，防止其逃避债务存在顾虑。目前《深圳个破条例》规定的个人破产免责程序为：法院宣告破产—考察期—债务人向法院申请—管理人调查并征求债权人和破产事务管理部门意见后，向法院出具书面报告—法院裁定债务人免责。这意味着当债权人存在顾虑时，极有可能不同意债务人免责，债务人也就无法通过破产免责“重新开始”。因此，为使免责制度真正发挥作用，需要进一步探索对债务人逃避债务行为的预防和惩戒措施。

有效的监督机制可以从事前监督、事中监督和事后监督三方面入手。事前监督可由债权人为主导；事中监督可由法院为主导，法院在破产程序中处于主导地位，有利于把握是否给予免责以及出现问题后予以撤销；事后监督可由破产管理人为主导，法院和债权人为辅助。监督应贯穿破产申请至免责考验期结束，甚至是考验期结束后几年。

4. 制度落差问题

任何一个制度的落地都需要有相应的配套制度来辅助，以更好地发挥制度的功效。目前个人破产免责制度还存在一定的制度落差，需要健全相应的配套制度来完善。

第一是债务人财产调查制度。财产包括有形、无形等多种形式，个人财产来源的多元化，转移财产手段的多样化均加大了对债务人财产调查的难度。《民法典》和《个人信息保护法》加大了对个人隐私的保护力度，使不同信息平台之间数据互通更加困难，部分债务人也会借此转移财产逃避债务。应进一步完善个人财产调查制度，完善征信立法，使个人破产免责真正做到只使诚实的债务人受益。

第二是地域合作相关制度。现代经济活动具有跨时空性和跨地域性的特点，这也决定了关系债务人的主体和法律关系遍布全国甚至是全世界，但目前《深圳个破条例》破产程序的债权全面清理、财产归集、债务免责等要求不能很好地适应经济活动跨地域性的特点，协调成本较高，限制了司法实践中的受案范围。[1]

第三是不同部门协作相关制度。破产免责制度的重点之一就是对债务人的债务进行核实以及对其行为进行监督，长时间的监督很难由法院完成，因此个人破产免责程序也需要政府、法院等职能部门协同配合。但是目前在信用配套、信息公开等方面，仍存在数据孤岛和数据共享问题，导致部门间协作难的困境，法院难以认定债务人资产及诚信情况，也难以直观了解其考察期内行为，只能依赖管理人逐案调查，耗费成本较高。

第四是法律责任体系建设。在现有的法律责任体系中，缺乏对个人破产欺诈的刑事、行政责任追究。刑事责任和行政监管等法律监督机制的缺失，使虚假破产以及存在欺诈行为的个人债务人可以逃脱制裁，无法对虚假破产和滥用破产程序形成威慑，也不利于个人破产免责制度的良性发展。

四、完善我国个人破产免责制度的建议

（一）个人破产免责制度的立法建议

1. 个人破产免责的启动

第一是个人破产免责模式的选择。免责模式可分为许可免责主义和当然免责主义，当然免责主义也称作自动免责主义。大陆法系国家大多采用许可主义模式，我国《深圳个破条例》也采许可免责主义。当然免责主义模式有利于提高司法效率；相应地，当然免责主义也就意味着债务人财产状况脱离了法院的监督，容易引起债务人为追求免责而不择手段的行为，不利于破产免责制度的贯彻执行，也增加了滥用免责制度的风险。许可免责主义模式发挥了法院的监督作用，在一定程度上兼顾了债权人和债务人的利益，打破了债权人和债务人各自的局限性，法院能作出更为公正的裁定，但许可免责主义模式也存在着法院自由裁量权过大和司法效率偏低的弊端。两种模式最大的区别在于对债务人进行监督的

① 参见曹启选、景晓晶、叶浪花：《个人破产制度先行先试中的实践示范与体系构建》，载《人民司法（应用）》2022 年第 22 期。

主体不同。就我国目前个人信用体系还不够健全、个人破产制度刚刚起步的现状而言，更宜采用许可免责主义模式，以避免滥用破产制度，使个人破产制度的实施背离其立法宗旨。后期随着个人破产免责制度的进一步完善，可以使许可免责主义向当然主义靠拢，以提高司法效率。

第二是个人破产免责适用的主体。破产免责制度仅适用于诚实的债务人已是各国共识。但是不同国家对于个人破产免责制度中的“个人”规定不同，大致可分为一般人破产主义和商人破产主义。一般人破产主义中的“个人”包括商自然人和普通自然人，商人破产主义中的“个人”仅指商自然人。《深圳个破条例》并未将适用对象限制为商自然人，我国未来制定全国适用的个人破产制度也宜采用一般人破产主义。原因有以下两点：第一，我国是民商合一的立法体例，对自然人未进行普通自然人和商自然人的区分，符合一定条件的自然人都可从事商业活动，也就应受到平等的保护，且随着消费信贷产品的广泛应用，大量普通自然人面临着消费过度无法清偿债务的困境，应平等给予所有个体通过破产免责程序“重生”的机会；第二，普通自然人破产是商自然人破产的基础，合伙企业、个人独资企业、个体工商户中的自然人在对债务承担无限连带责任后，褪去商自然人的外壳，其本质仍为普通自然人，当其确无偿债能力时，债权人仍无法就债务获得清偿，不允许普通自然人破产也就无法实现商自然人破产的目的。也有学者认为，在个人破产免责制度初创时期不宜将普通自然人也纳入破产对象范围，以防止破产免责制度成为债务人合法逃避债务的手段。笔者认为，破产法本身十分重视对破产前不当行为的规制，防止债务人转移财产逃避债务等行为可通过对免责的限制及撤销等制度解决。因此，个人破产免责制度在适用对象上选择一般人破产主义并无不妥。

2. 个人破产免责的效力

首先是个人破产免责制度对债权人的效力。目前，我国对于免责的债务存在两种观点：第一种是认为被免责的债务转为自然之债，不可通过司法途径强制执行，但若债务人同意履行，一旦履行完毕后不得反悔；第二种是认为破产免责会导致债务完全消灭。笔者认为我国应适用自然债务说。一方面，我国目前个人破产免责制度仍处于探索阶段，应向群众普及有关知识，若采用债务消灭说可能会使债务人对免责制度造成误解，不利于保护债权人的利益；另一方面，债务人应当有权选择是否履行债务，免责之债转为自然债务也能在一定程度上督促债务人积极履行债务。

其次是个人破产免责制度对债务人的效力。按照一般流程，债务人需要先向法院提交破产免责的申请，由法院审查其是否符合免责条件，对符合免责条件的债务人作出许可免责的裁定。对于债务人而言并非所有债务均可被免除，若其实施了欺诈等法律规定不予免责情形的行为，可能会被撤销破产免责，不同国家的法律对不予免责的债务类型也根据本国实际情况作出了规定。只有不在不予免责的情形之内且非不予免责的债务，破产债务人方能通过申请免责。

最后是个人破产免责制度对担保人的效力。破产免责的效力不及于债务人的担保人和连带责任人，破产债务人的担保人或连带债务人不能以破产债务人获得免责为理由，不对债权人承担清偿责任。对于有担保的债权，债权人可以选择就未清偿的部分继续向担保人进行追偿。

3. 个人破产免责的限制

对个人破产免责的限制可从不予免责的情形和不予免责的债务类型两方面考虑，再通过规定个人破产免责的撤销制度对免责过程中的诈害债权行为加以限制。

首先是不予免责的情形。个人破产立法的重要理念之一就是保护诚实且不幸的债务人，也有学者认为应将“不幸”扩展到不慎。“诚实且不幸”的标准是指人应量力而为，不得超出其身份角色所允许的风险负担范围行事。[①] 保护“诚实且不慎”是法律基于“父爱主义”对过度冒险者采取宽容的态度，不仅在人们遭受不幸或不测等意外风险损害时提供破产保护，在因误判或不节俭而陷入困境时也同样给予债务人保护。[②] 不予免责的情形可从“诚实”与“不慎”两方面考虑。第一是对不诚实债务人的限制，破产免责规定不应适用于不诚实的债务人。各国对于不诚实债务人的限制有两种处理方式：第一种是不予免责；第二种是允许免除剩余债务，但对债务人的资格和行为继续施加限制。《英国破产法》采取第二种方式，大多数国家采取第一种方式，比如《德国破产法》第 290 条第 1

① 参见许德风：《论个人破产免责制度》，载《中外法学》2011 年第 4 期。

② 参见许德风：《论民法典的制定与弱者保护》，载《广东社会科学》2012 年第 1 期。

款，《美国破产法》第727条，《日本破产法》第252条，我国《深圳个破条例》第98条的规定表明我国采取第一种不予免责的处理方式。参考他国立法及深圳试点经验，我国个人破产免责制度对不诚实债务人不予免责的情形可以有以下几点规定：一是债务人故意对财产状况进行虚假陈述的；二是债务人申报财产过程中有隐匿、毁灭账簿等隐瞒真实财产行为的；三是破产清算前隐匿、转移、毁损财产的；四是债务人已具备破产条件，仍隐瞒情况进行交易活动的；五是债务人通过欺诈手段进行信贷交易活动的。第二是对非不慎债务人的限制。不慎允许对因不节俭或误判而陷入债务的人给予免责，但此处的不节俭和误判都应作严格解释，不能超出常人的理解。对于非不慎可有以下规定：一是远超个人财务水平的不合理消费或投资，此处的不合理是指消费超过个人收入水平的150%；二是因射幸活动陷入债务危机。需要明确的一点是，不予免责只是对债务人经济上的惩戒和道德上的否定，并不能代替追究其刑事责任，依然要明确对债务人偷逃债务行为的刑事追责体系。

其次是不予免责的债务类型。各国在建立个人破产免责制度时一般都同时规定了不予免责的债务类型。《美国破产法》第523条和《英国破产法》第281条都列明了免责例外的债务。我国也可参考他国已有经验，规定不予免责的债务类型。第一是婚姻家庭之债。家庭是以婚姻和血缘为纽带的，而非契约，严格来说不属于市场经济范畴，不应由破产法调整。家庭抚养、赡养和扶养义务既是法定义务也是道德义务，是社会和谐稳定的关键因素，即使债务人处于破产状态，也应承担抚养、赡养和扶养义务。第二是税收之债。税收是公共财政的主要来源，其目的在于为社会提供公共服务，发展国家经济、改善社会生活、实现收入的二次分配都离不开税收。若免除税收之债相当于将债务人的负担转移给公众，将影响税收职能作用的发挥，造成社会利益损失。因此，应将税收债务排除在免责债务之外。第三是侵权之债和罚金之债。侵权、罚金之债同样不属于市场经济活动中产生的债务，也不在破产法调整范围之内。个人破产免责的正当性源于对诚实且不幸或诚实且不慎的债务人的关怀，其中暗含债务人是由于消费、投资等活动而负债，而侵权之债和罚金之债是由于债务人侵犯了他人的人身、财产权利，或者违反法律规定而产生，此时债务人的债务已不单纯是债务，而是具有惩罚性，同意免除侵权、罚金之债相当于变相将个人破产免责制度变为债务人逃脱法律制裁的工具。因此，不宜将侵权、罚金之债纳入免责范围。对于前文提到的教育之债，目前对于教育贷款是否免责的争议较大，笔者认为在我国的个人破产免责制度构建中，教育贷款可以免责。原因有以下几点：一是整体而言我国助学贷款是非市场化的，完备的清偿机制对防范还贷违约效果明显；① 二是目前我国学生教育贷款规模较小，教育贷款的申请设有一定条件，极少部分学生申请教育贷款；三是我国教育贷款目前实际违约率并不高。

最后是对个人破产免责的撤销。债务人在获得免责后，若存在不予免责的情形或其债务为不予免责的债务类型等事由，法院有权撤销免责，免责一经撤销则失去效力。免责的撤销是为了实现免责后对债务人的监督，债务人免责被撤销后，债权人重新恢复债权。美国、德国等破产法都对撤销权作出了规定，我国《深圳个破条例》第 103 条也规定发现债务人通过欺诈手段获得免除未清偿债务的债权人或其他利害关系人，可依法申请人民法院撤销其作出的免除清偿债务裁定。《深圳个破条例》将管理人、破产事务管理部门和法院排除在申请主体之外，限制了第三方对债务人的监督；且明文规定的撤销事由仅限于债务人以欺诈手段获得清偿这一种行为；同时未规定撤销免责的时间限制。我国个人破产免责制度应进一步完善有关免责撤销的规定，将法院撤销免责的决定由仅可依据债权人申请扩展为管理人等主体也可申请，且法院可依职权撤销；同时可增加免责债务人不得恶意利用规则逃避责任并造成债权人及相关利益方受损这一情形，作为兜底条款，以更好地平衡债权人与债务人间的利益关系。

4. 个人破产免责的前置程序

为了降低个人破产程序的成本，可在破产免责程序前规定庭外和解程序。目前，各国规定的破产免责前置程序主要有咨询和和解两种形式。《美国破产法》第 109 条规定，债务人申请破产前必须进行理财与债务咨询；《德国破产法》第 305 条也规定，债务人在申请破产前需先与债权人和解，未达成和解方可申请破产。鉴于目前我国债务咨询经验较少，宜采取庭外和解的方式，要求债务人在申请免责之前先行与债权人和解协商，和解失败才可申请免责程序。《深圳个破条

① 参见宋飞琼：《国家助学贷款担保机制研究》，华中科技大学出版社 2016 年版，第 112 页。

例》规定，债务人与债权人可以就债务清理在庭外自行委托人民调解委员会、特邀调解员、特邀调解组织或者破产事务管理部门等组织进行调节。通过和解，若债权人与债务人达成合意，便无须申请破产免责，有利于提高司法效率，也会减少债权人和债务人的沉没成本。为了保证和解程序的有效实施，还应配备专门的和解人员对债权人、债务人的庭外和解进行指导和监督，确保庭外和解制度的有效实施。

（二）建立个人破产免责配套制度的建议

一项制度的落地及良好运行必然需要相应的配套制度协同发挥作用。个人破产免责制度的建立需要有一定的社会条件作为基础，在制度初创期需要相应的制度来保障免责制度高效且有效运行。完善的配套制度会支持个人破产免责制度的实施，若缺乏配套制度，免责制度的实行会阻力重重，难以发挥应有的功效。

1. 完善个人征信体系

个人信用是破产免责的基础，免责制度的建立与个人征信体系的建立完善是齐头并进的。我国 2002 年开展信用立法工作，《征信业管理条例》于 2012 年 12 月 26 日国务院第 228 次常务会议通过，自 2013 年 3 月 15 日起施行。2005 年开始制定全国通用标准；2014 年发布的《社会信用体系建设规划纲要（2014—2020 年）》提出："要增强全社会的诚信意识，明显改善社会信用环境，突出个人信用建设的基础性作用，建立完善个人信用记录，实现全国范围内个人信用记录的全覆盖，到 2020 年基本建成社会征信体系和相关基础法律法规体系。"目前，公民可通过人民银行征信中心、个人信用信息服务平台等网站查询到部分公民的个人信用信息。

我国个人破产免责制度的建立也可与个人征信体系的完善同时进行。一方面，破产免责制度促使公民注意个人信用的重要性，树立良好的信用意识；另一方面，完善的个人征信体系为破产免责的有效实施提供保障和基础。因此，二者应是齐头并进的，而无须待其中一项制度成熟后再实施另一制度。

目前，对于我国个人征信体系的完善可从三方面入手。第一是加快个人信用立法工作。《征信业管理条例》已不能完全适应我国个人破产的立法需要，在数智化背景下，应进一步完善适应当今社会需求的包括个人信用信息采集、分析和使用等内容的个人信用法律规范，以便债权人、破产管理人和法院能及时准确掌握债务人的信用状况，对其是否免责和是否撤销免责作出申请及决定。第二是多部门应共享信息数据。法院、检察院、公安机关和商业银行等都统计、掌握个人信用的不同信息，这些部门之间的信息缺乏交流互通，导致查询个人信用信息困难。为保障破产免责程序参与主体以及公众的知情权，应使个人信用信息便于被公众查询。因此，各部门间应建立互联互通的个人征信系统，整合各自的内容，便于法院、公众及时了解债务人征信状况。第三是加强对破产审查中失信行为的惩戒。在个人破产免责制度中，法院可以依据债务人的个人征信情况对其免责予以撤销，但这实质上并未对债务人的失信行为作出惩罚，债务人只需承担其原本就应承担只不过出于人道主义理念曾对其免除的债务。应当依据债务人所实施的具体失信行为，对其规定不同的惩戒措施，情节严重时甚至应追究其刑事责任。

2. 完善财产登记制度

《深圳个破条例》第 8 条规定了债务人提出破产申请，应当向法院提交收入状况、社保证明、纳税记录、个人财产以及夫妻共同财产清册。[①] 为了方便对债务人上交材料进行审查，就需要具备完善的个人财产登记制度。在企业破产中，由管理人全面接管企业，中介机构对企业资产进行审计，但个人财产情况较难掌握。我国现有的个人财产登记仅限于不动产和特殊动产，对于普通动产登记的规定则是以在该动产上设立担保为前提，缺乏不涉及无担保的普通动产和电子账户等无形财产的登记制度，很难全面调查债务人财产状况。因此，我国应进一步完善个人财产登记制度，扩充财产登记范围，允许高价动产和大额现金流通登记，同时对虚拟财产进行评估，将虚拟财产也进行登记，防止债务人利用网络财产逃避债务。

3. 完善破产犯罪制度

我国《刑法》并未专章规定破产犯罪，仅在分则第三章中的第 162 条对隐匿、故意销毁会计凭证、会计账簿、财务会计报告罪和虚假破产罪等进行了规定。《企业破产法》在第 131 条、第 31 条和第 33 条分别对相关责任人员的刑事

---

① 参见《深圳个破条例》第 8 条第 2 款的规定。

责任，破产管理人、公司相关负责人以及债务人的义务作了规定，但并未对有关犯罪行为确定罪名和罪状。2004 年《企业破产法（草案）》曾在第十章规定法律责任，对破产犯罪进行规制，但该草案最终并未实际施行。

我国《刑法》关于破产犯罪的完善可从以下几点考虑：第一，在分则中单列一节破产犯罪，以体现其与其他破坏社会经济秩序犯罪的区别。同时增设具体罪名，如参考我国台湾地区的财产来源不明罪、拒绝披露罪、破产欺诈罪、破产管理人渎职罪等。第二，扩大犯罪主体的范围。目前，虚假破产罪的主体为特殊主体，只能是公司企业，而不能是自然人，随着个人破产免责制度的确立和完善，应将犯罪主体扩大至债权人、债务人以及破产管理人等自然人。第三，注重预防犯罪，可以设立破产警示、债务公开制度等事前预防机制，减少犯罪的机会。

五、结语

随着社会主义市场经济的发展以及国际经济局势的变化，个人过度负债现象越发严重，我国现有《企业破产法》已无法解决个人负债严重且无力偿还债务的问题。在此背景下，深圳市先行先试，开展了个人破产立法的试点工作并取得了一定成效。个人破产免责制度是个人破产制度的核心，最能体现个人破产制度兼顾债务人、债权人以及全社会整体利益的价值理念。本文通过对域外典型国家个人破产免责制度的考察与分析，结合我国试点工作的现状和困境，借鉴域外已有立法经验，立足于我国实际情况，为我国构建全国范围内适用的个人破产免责制度在完善立法和相应的配套制度等方面提出建议，以期构建更为合理、有效的个人破产免责制度。

学会巡礼
xue hui xun li

数字赋能流通经济　物流行业降本增效

——中国经济—法律论坛暨市场流通法制论坛（第十三届）会议简报

中国商业法研究会流通法专业委员会

2024年11月3日，第十三届中国经济—法律论坛暨市场流通法制论坛（2024）在北京隆重举行，主题为“数字赋能流通经济 物流行业降本增效”。本次论坛由北京物资学院和中国商业法研究会共同主办，北京物资学院法学院、北京物资学院流通法律与政策研究中心、北京物资学院国际物流法律规则研究中心、北京物资学院数字经济与电子商务法治研究中心、北京高校青年教师创新教研工作室、北京高校青年教师先进教研工作室、中国流通经济杂志社承办。举办这次论坛是为了深入全面学习贯彻党的二十届三中全会精神和习近平总书记关于物流流通的重要指示批示精神，促进流通法制建设，推动贸易流通现代化，营造市场化法治化国际化营商环境，促进流通产业持续稳定健康发展。

出席本次论坛的领导有北京物资学院副院长张闯教授、中国商业法研究会副会长吴宏伟教授、北京市通州区政法委员会副书记于俊平等。北京物资学院党委宣传部部长刘世波、法学院院长吴长军教授、党总支书记毛文富、副院长彭幸、党总支副书记何佳赢等教师与会。来自国务院发展研究中心市场经济研究所、中国投资协会新基建专业委员会、北大法宝智慧法务研究院、交通运输部规划研究院城市交通与现代物流研究所、北京市通州区司法局、国家市场监督管理总局发展研究中心的领导专家，北京交通大学、首都经济贸易大学、北京工商大学等科研院所的专家学者和研究生，中国快递协会法律事务部、美团集团法务部等实务部门专家学者等130余人与会。开幕式由北京物资学院法学院院长、中国商业法研究会副秘书长吴长军教授主持。

北京物资学院副院长张闯教授代表主办方致辞。他代表学校向论坛召开致以热烈的祝贺，向与会专家学者表示诚挚的欢迎。张闯教授讲话指出，“本次论坛共研流通物流现代化，为构建现代流通体系积极建言献策。北京物资学院是以物流和流通为特色的普通高等院校，与国家需求同步、与改革开放同向、与物流业发展同行，率先在国内引入物流概念，先后在国内高校第一个开办了期货、物流管理和采购管理专业，编写了国内首部物流专业教材，培养了首批物资管理人才，被誉为‘中国现代物流管理者的摇篮’和‘中国期货界黄埔军校’。在流通法制研究方面独树一帜，先后完成了商务部《市场流通法》立法草案等30多项省部级、国家级研究项目；完成了北京市粮食安全保障立法研究项目和运输标准制定等20余项资政服务项目。希望通过市场流通法制论坛这一平台，进一步增进我校与相关政府部门、学术团体、兄弟高校和流通企业的交流合作，共同为我国流通产业的科学发展提供智慧方案。”

北京市通州区政法委员会副书记、区法学会副会长于俊平对论坛顺利召开表示祝贺。他希望北京物资学院法学院作为通州区法学会的理事单位和市场流通法学的重要研究基地，密切关注数字赋能流通经济的现实课题，积极开展数字经济法治研究和实地调研，为副中心和首都数字经济的高质量发展建设建言献策。

中国商业法研究会副会长吴宏伟致辞，他指出市场流通法论坛的召开充分体现了北京物资学院高度关注和及时回应时代需求，及时追踪流通法治前沿的鲜明特色。参加这次论坛的有我国著名的市场流通学专家、政府部门的实务专家、物流法研究专家，研讨会要产生新观点、新论证、新结论。

论坛进入主题演讲阶段。第一阶段的主题是“数字法治与流通经济”，主持人是北京物资学院法学院院长助理郭如愿。

国务院发展研究中心市场经济研究所研究员陈丽芬的演讲题目是“加快完善流通体制，构建全国统一大市场”。北京工商大学法学院院长、教授陈敦的演讲题目是“平台经济背景下数字法治人才培养的实践与探索”。首都经济贸易大学法学院院长、教授张世君的演讲题目是“探索开设‘数字法学’特色班，创新法治人才培养机制”。北京交通大学法学院院长、教授李巍涛的演讲题目是“新技术法学教育的‘北交模式’”。中国投资协会新基建专业委员会副会长王学德的演讲题目是“大数据产业与数字经济”。北大法宝智慧法务研究院秘书长蔡治的演讲题目是“数据、流程、智能—信息化中的‘知’与‘行’”。北京物资学院法学院助理教授李凌云的演讲题目是“粮食安全战略中的粮食流通行政执法”。北京物资学院法学院院长、教授吴长军的演讲题目是“流通法+数字经济的专业与学科建设模式与创新实践”。北京物资学院法学院副教授闫仁河与谈。

第二阶段的主题是“流通法治与物流业降本增效”。主持人是北京物资学院法学院副院长彭幸副教授。交通运输部规划研究院城市交通与现代物流研究所副所长甘家华的演讲题目是“推进交通物流降本提质增效政策路径”。通州区司法局副局长张康林的演讲题目是“数字经济背景下的物流行业法律规则新思考”。中国快递协会法律事务部主任丁红涛的演讲题目是“快递末端的新变化与新举措”。美团数据合规总监田喜清的演讲题目是“从数据合规视角看数据资产入表”。国家市场监督管理总局发展研究中心处长、研究部主任卢雁的演讲题目是“物流企业公平竞争合规的思考”。北京物资学院法学院副教授王森的演讲题目是“欧洲健康数据空间法律制度及对我国数据流通规则的启示”。北京物资学院法学院助理教授白硕的演讲题目是“具身智能机器人的法律风险和法律治理”。北京物资学院法学院基础法学教研室主任阎章荣与谈。

闭幕式由北京物资学院法学院党总支书记毛文富进行会议总结。本次论坛围绕主题，激荡脑力，迸发火花，聚焦思想，阐述观点，形成最新学术成果，推动我国流通市场法制理论与实践的新发展，不辜负新时代赋予的责任和使命。

“中国经济—法律论坛暨市场流通法制论坛”作为北京物资学院的一个重要学术品牌，一直秉承“关注现实、重视研究、服务社会、增进交流”的学术理念，专注于流通法制环境的优化、市场流通秩序的规范等方面的研究。来自高等院校、科研机构、行业协会、企业界、法律实务界等相关领域的专家学者参加了此次论坛。与会人员围绕着流通法制建设、物流法制建设等重大问题和热点问题发表专题演讲和讨论，为完善我国市场流通法制建言献策。此次论坛圆满成功，成果丰硕，搭建了学习、交流、借鉴和分享的平台，必将进一步推动我国流通法制建设事业的发展，进一步加强高校与政府管理部门、社会、企业、事业单位的交流与合作，进一步促进高校教育教学事业的改革和发展。

新质生产力法治保障

——元照·先锋青年学者沙龙（第7期）会议简报

《商业法评论》编辑部

2024年12月8日，元照·先锋青年学者沙龙（第7期）在元照读书馆和腾讯会议线上线下同步召开。本次会议由中国商业法研究会《商业法评论》编辑部组织发起，北京元照教育科技有限公司、中国政法大学商法研究所、中国政法大学社会法研究所主办，北京来胜文化发展有限公司、北京市东城区法律商会协办。来自中国政法大学、西南政法大学、中央财经大学、对外经济贸易大学、天津大学、华北电力大学、北京物资学院、澳门科技大学等高等院校的专家学者，以及来自《山东法官培训学院学报》《暨南学报（哲学社会科学版）》《法制与社会发展》《河北学刊》《湖北社会科学》《商业法评论》编辑部等单位的专家学者参加了会议。会议围绕"新质生产力法治保障"这一主题进行了深入交流和研讨。

会议开幕式由中国政法大学民商经济法学院郑佳宁教授主持。《山东法官培训学院学报》刘义生主编、北京物资学院法学院吴长军教授、中国政法大学民商经济法学院娄宇教授、《暨南学报（哲学社会科学版）》李晶晶副主编在开幕式上致辞。

第一单元：平台经济与智慧法治

论坛第一单元的主题为"平台经济与智慧法治"，由中央财经大学法学院武腾教授主持。

天津大学法学院讲师赵文冰作了题为“电子商务平台经营者的处罚权及其界限”的发言。他指出，电子商务平台经营者可能滥用其单方制定、修改服务协议和交易规则的权利，过分严苛、不合理地处罚平台内经营者。针对这一问题，他认为，法院应当运用比例原则审查电子商务平台的处罚规则，矫正过分、不合比例的处罚行为。而在司法救济之外，更重要的是保障服务协议和交易规则的内容符合实质正义的要求。为此，他提出了两项建议：第一，贯彻共治原则，推动多方参与的电子商务平台示范处罚规则，要求多方参与电子商务平台处罚规则的修改。第二，贯彻公开原则，探索电子商务平台处罚情况年报公示制度，公示电子商务平台的处罚情况和投诉举报处理情况等。

对外经济贸易大学法学院讲师薛亦飒作了题为“《电子商务法》下平台义务规范的体系反思与重构”的发言。她聚焦电子商务平台义务规范体系，提出该义务规范体系在体系性、针对性、特殊性方面存在改进空间，需要借由平台自治协定在风险防控机制、平台规制条款设计等方面予以更新调适。在风险防控机制方面，她认为，电商平台和监管机构在进行协同治理时需要融入包容监管、原则监管、风险底线原则，实施技术监管、业务监管、穿透监管等金融监管基本工具。在设计平台规制条款时，她指出，要以整体利益最大化理念平衡规制的范围和强度，对相关条款作出目标性和指向性的解释。

华北电力大学法政系讲师靳岩岩的发言题目是“无人驾驶网约车低于成本价格行为的规制困境与应对”。她从近期“萝卜快跑”在武汉遭到抵制的现象入手，论证了对“萝卜快跑”低价行为进行规制的必要性。首先，她通过“成本—价格”分析，认为“萝卜快跑”的定价低于平均可变成本，满足低价违法行为的客观要件。其次，她论证了这一行为存在“削弱价格机制对网约车市场供需的调节功能”以及“损害网约车行业竞争秩序与消费者的合法权益”两方面负外部性，因此不可仅以“市场行为不予管制”为由错失规制时机。最后，她强调，对无人驾驶网约车定价的规制，并不是对技术的限制与封锁，而是通过厘清技术与资本的边界，反对假技术之名的恶性竞争。她呼吁通过制度支撑人工智能技术创新，并促进其在更多应用场景中发展。

中国政法大学民商经济法学院博士研究生王逸伦作了题为“法教义学视角下

的超龄劳动者工伤认定与保护”的发言。她指出，由于上位法的滞后与缺位，劳动关系终止条件与“退休”一词的法律含义不明确，导致超龄劳动者在参加工伤保险及工伤认定方面遭遇障碍，难以获得工伤保险救济。为此，她从法教义学角度出发，通过对一系列典型案例的深入剖析，探讨了我国工伤认定的标准与趋势。基于多数司法判决的依据以及社会保险法的立法精神，她提出，应当以劳动者领取养老保险的类型及未能领取养老保险的具体原因为基础，而非仅以法定退休年龄为条件，来细化超龄劳动者与用人单位关系的判定标准，如此方能保护超龄劳动者的合法权益、实现社会公平与实质正义。

中国政法大学民商经济法学院博士研究生彭思元的发言题目是“‘浑水摸鱼’：职场智能监控下工间休息制度建构”。他指出，相较传统的人力巡视或非智能监控，智能监控技术在搜集、分析、处理劳动者个人信息的范围和程度方面的能力有了显著提升，能够有效避免劳动者“摸鱼”，但也带来了侵犯劳动者个人信息权益、劳动权益和人格尊严的风险。用人单位利用智能监控管控劳动者的休息行为，从“目的—手段”的合理性分析上看，可能过分强调了企业经济效益而忽视劳动者个人信息权益。这种过度监控导致劳动者长期处于紧张和疲劳状态，对其身心健康构成了潜在威胁。他提出，在智能监控日益普及的背景下，想要兼顾好企业的经济效率与劳动者权益保护，必须确立并改造工间休息制度。

中国政法大学民商经济法学院博士研究生檀明作了题为“电商平台经营者自营业务的认定标准”的发言。他提出，混合型电商平台经营者具有“交易平台服务提供者”和“自营经营者”双重身份，这种复合身份在实践中可能导致责任主体的异化，即由具有独立人格的组织体分立出其他组织体，并独立承担相应责任。消费者因此难以识别究竟谁是销售者。为此，他认为，从保护消费者角度出发，在自营业务的认定上应当合理准用商事外观主义，以“自营”标识为其外观，消费者可以基于这一外观产生合理信赖。当“自营业务”以企业团体方式出现时，消费者只需识别出具有关联性质的自营集团整体中的核心主体即可。最后，他提出可以用“单一商业体理论”对销售者责任的连带性予以合理解释，以否定关联公司人格。

接下来，各位评议人发表了各自的观点。

《法制与社会发展》编辑部副主编苗炎从文章发表的角度对以上发言人的报

告进行了点评。他表示，中共中央办公厅、国务院办公厅发布的《关于加强新时代法学教育和法学理论研究的意见》指出，要推动法学学术期刊多样化、差异化、高质量发展。具备创新点、有区分度的论文更容易被期刊录用，因此，青年学者应当重视论文的创新。他认为，本单元几位发言人的选题紧扣当下热点现实问题，具备一定的新颖性，且发言都清晰地阐述了论文的观点。同时，他也对青年学者提出以下两点建议：一是进一步优化和完善对既有研究的分析与综述，深度挖掘论文内涵，增强论文的区分度，充分展现出其比既有研究的创新之处；二是加强论文的理论化程度。他指出，论文不应仅局限于对策性研究，探讨相关政策制度的完善，更应当在理论上对问题进行定性、概括出一个模式或者范式。青年学者在学术研究中要注重创新，通过规范化、理论化的方式提升自己的学术能力，为法学学术提供增量。

《河北学刊》编辑部赵新潮编辑认为本单元的讨论深入且成果丰硕，并对部分学者的发言进行了点评。她认为，薛亦飒老师的发言选题精准，直击电商平台乱象背后的规范问题，架构清晰、逻辑连贯，建议进一步补充丰富的实证案例，以增强论证的可行性。檀明博士的发言对于电商行业焦点的精准捕捉值得赞赏，建议后续强化论文的理论性，更加清晰地展现文献综述的学术脉络。王逸伦博士的发言关注老龄化下超龄劳动者权益，内容亮点多且具创新性，建议将研究视角拓展延伸，充分考量其他关联因素。靳岩岩老师的发言聚焦网约车前沿问题，深度剖析了现实问题，建议下一步研究从经济法维度切入，对规制内容展开探讨。她表示，与会者的积极探讨为后续研究指明了方向，也为相关领域的学术发展与实践改进提供了有益的思路和启发，有望推动有关领域法律规范的进一步发展与完善。

第二单元：数字经济与数据治理

论坛第二单元以“数字经济与数据治理”为主题，由中国政法大学民商经济法学院副教授王灏和对外经济贸易大学法学院助理研究员吴悠然主持。

中央财经大学法学院讲师李敏作了题为“企业数据资源入表的法律约束与因应”的发言。她在分析了财政部出台的数据资源入表政策后指出，数据资源入表不以企业对数据资源的所有权为要件，看似绕过了数据确权问题，但我国上市公司的入表实践表明，企业仍面临如何界分无形资产与存货的难题，而这一难题本质上源于法律并未明晰数据的权属。数据权属不清不仅增加了数据确权的难度，还制约着数据交易以及数据资产投资入股、质押融资和资产证券化业务的开展。她强调，关注数据资源入表背后的法律约束，才能构建数据资源流通与有效利用的规则体系。因此，需要法律认可企业享有数据集的完整财产权来化解前述约束，助力商业实践和数字经济发展。

中国政法大学民商经济法学院讲师徐可作了题为“数据交易制度的转型：场内交易的可能性与必然性”的发言。他指出，随着数字经济的蓬勃发展，数据交易制度亟须从传统责任规则转型为更加明确的财产规则，以适应这一新兴领域的特殊需求。他表示，当前数据交易制度中存在事前确权困难和事后救济效果不足的问题，这些问题已成为制约数据价值充分实现的瓶颈。对此，他认为，以数据权利登记为核心的法律控制制度可以在确保权利范围明确、公示公信力增强的同时，明晰数据交易所场内交易的形式，进一步推动数据确权与交易的制度创新，为数字经济发展提供有力支撑。

中国政法大学图书馆读者服务中心二部董平副主任以“法学视角下读者借阅数据体系的构建”为题作了发言。她认为，应当对读者借阅数据进行分类分级保护，明确图书馆使用各类读者借阅数据的合法性基础。她根据读者借阅数据的识别性、私密性与敏感性特点，将读者借阅数据分为四类。第一类为不可识别的读者借阅数据。此种数据并非个人数据，所以图书馆无须获得读者同意。第二类为可识别的、私密的读者借阅数据。此种数据属于读者隐私权的范畴，图书馆应当取得读者的明确同意。第三类为可识别的、非私密的、敏感的读者借阅数据。此种数据适用隐私权的加强保护，图书馆应当取得读者的明确同意。第四类为可识别的、非私密的、一般的读者借阅数据。对于此种数据，图书馆仅需取得读者的概括同意。

中国政法大学刑事司法学院助理研究员赵桐作了题为“数字资产的刑法保护路径”的发言。她对数字资产进行了定义，即数字资产是对虚拟世界以数据为载体的、具有经济价值的各种形式的资源的总称，包括数字货币、数字交易中的虚拟财产、企业大数据、流量数据等。她指出，从数字资产的流通变现原理来看，传统的财产权研究路径已不足以解决数字资产的权属问题，但我国刑法中财产犯罪的客观构成要件建立在早期现实财产权之上，故而难以直接适用于虚拟世界的数字资产保护；《刑法》中关于计算机犯罪的规定也无法评价数字资产的财产法益。因此，她提出，应当转变刑法对数字资产的保护观念，从权利确认转为秩序维护，同时衔接《数据安全法》中的相关规定，规制非法窃取数据行为，落实交易秩序和安全保障义务。

中国政法大学民商经济法学院博士研究生阿依努尔的发言题目是“公职人员兼职的法律问题研究”。她以“斜杠青年”现象为切入点，剖析当前劳动市场中多重劳动关系广泛存在的现状。她表示，近年来“黄某耀案”和“副镇长开滴滴”等典型事件持续发酵，使得公职人员兼职问题成为社会焦点，引发了公众的广泛关注和讨论。她指出，这些事件不仅反映了公职人员兼职现象的普遍性，也暴露了现行法律规范在应对这一现象时的不足，亟待进一步完善与优化。基于此，她对公务员兼职问题进行了历史考察，在分析其历史背景的基础上，提出了一系列旨在规范公职人员兼职行为的改革建议，为公职人员兼职现象的妥善处理与规范发展提供了新的思路与方向。

中国政法大学民商经济法学院博士研究生张毅作了题为“我国数据全流程合规与监管体系的构建”的发言。他的发言聚焦数据流通的准入、分类分级、定价和安全认证四个环节。就数据准入，他提出须对流通主客体实施差异化的规制措施。就数据分类分级，他强调公共数据、企业数据和个人数据在授权方式上的差异，并指出数据分级应从数据泄露的影响范围、影响对象和影响程度入手，识别一般数据、重要数据和核心数据。就数据定价，他明确数据价格形成要素包括稀缺性、供求关系和生产成本，并分析了协商定价、自动定价以及第三方评估定价等不同模式的优劣。就数据安全认证，他对移动互联网程序安全认证、数据安全管理认证和个人信息保护认证展开分析，并提出可在条件成熟时引入中立且专业的第三方认证机构，以增强认证的公正性和专业性。

澳门科技大学法学院博士研究生张翼菲作了题为“数字财产作为公司出资——以数据资产为例”的发言。她认为，《公司法》虽然并未将数据资产纳入公司适格出资标的物的范畴，但越发高频出现的数据资产出资入股现象足以说明，数字时代下出资形式发生变化已经具备实践根基。她表示，释放数据要素潜能的政策导向与回归公司自治本位的立法理念足以作为支持数据资产出资入股的正当性基础。她指出，数据资产出资形式与出资共同要素之间的适配度决定了数据资产出资入股存在资本虚化的风险，包括出资不实的本质性风险，以及数据登记制度标准不一和价值难以预测性的特殊性风险。为避免此类风险，她建议，构建全国统一的数据产权登记系统标准，并提倡采用以意思自治为原则的价值替代性评估机制，以实现维持公司资本充实的终极目的。

接下来，各位评议人发表了各自的观点。

澳门科技大学法学院沈云樵副教授首先对本单元发言人的广博视野和跨学科研究表示赞赏。首先，他认为，几位发言人的发言主题不仅涉及刑民交叉，数据法和会计法、公司法的交叉，还扩展至图书馆学，展现了青年学者们扎实的学术素养。其次，他强调，青年学者在撰写论文时，应着眼于微观视角，寻求新颖别致的切入点，避免过于宏大的叙事。以国有资产保值增值研究为例，该研究的重点可以聚焦于上市国有企业的资产减值、风控。最后，他指出，青年学者应当明晰实践问题的学术化。以公职人员兼职的法律问题研究为例，尽管该议题在实践中具有重要价值，但将其学术化颇具挑战，难以撰写出具有理论深度的文章。对此，他建议转变研究视角，将公职人员兼职问题置于社会分工的视角下进行研究，可能会得到新的启发和认识。

西南政法大学商法教研室武翠丹副主任认为，本单元发言人针对数据治理中最前沿、最热点的问题进行了系统的、有逻辑性的思考，有很大的启发。她认为，数据作为数字经济时代的基础性资源，其治理问题日益凸显，成为制约数字中国建设的关键因素。她呼吁青年学者积极开展数据要素发展与治理中的重大研究，为建设具有中国特色的数据治理体系贡献力量。对于张毅博士所谈的数据全流程合规与监管的问题，她强调，数据要素的特殊性使得全流程的合规与监管体系成为其高效安全流通的保障，为了建立规范化的要素交易市场，有效的数据合规治理和高效的数据监管不可或缺。对于如何推进数据合规治理和高效监管的问题，她建议从构建数据流通全流程规则标准体系、推进数据分类分级授权和标准化建设、积极探索数据定价机制以及强化数据监管四个维度共同发力，实现数据市场的健康发展和数据要素的高效安全流通。

《湖北社会科学》编辑部王京副编审对第一单元评议人所提及的期刊投稿注

意事项深表认同。她强调，青年学者在投稿时，要务必重视对目标期刊风格的研究，明确其倾向于宏大叙事还是专业性选题，以提高投稿的针对性。她指出，论文投稿时还需要注意期刊的投稿要求。以《湖北社会科学》为例，该期刊采用系统投稿方式，要求作者填写基本信息并自行选择投稿栏目。许多作者因未仔细阅读投稿要求，出现了跨栏目的无效投稿行为。她提醒，青年学者要高度重视"秒杀问题"。在当前海量投稿的形势下，为避免稿件被编辑快速淘汰，作者需在投稿前做好充分准备，精心打磨文章，从题目、摘要、结构等各个方面进行优化，使文章能够迅速吸引编辑的目光，从众多投稿中脱颖而出，从而增加被录用的机会。

总结发言

论坛最后，北京元照教育科技有限公司专员张照莹和《商业法评论》编辑部主任李成杰先生对论坛的举办情况进行总结。张照莹专员首先代表元照出版公司对所有参与本次论坛的专家学者表示衷心的感谢。她表示，13 位青年学者就平台经济、智慧法治等前沿问题进行了深入探讨，充分展现学术前沿趋势和成果，为我们带来了一场精彩的学术盛宴。李成杰先生感谢北京元照教育科技有限公司对本次活动的大力支持，自 2018 年创立至今，论坛已经成功举办七届，始终致力于为青年学者搭建一个开放的、优质的展现自我与互相交流的平台，"一事精致，足以动人"，他强调，论坛的成功不仅在于追求新颖的议题，更在于参与者能够在自己的研究领域内持续深耕，踏实地推进理论与实践的法治创新。

至此，"新质生产力法治保障"元照 · 先锋青年学者沙龙（第 7 期）圆满结束。

《商业法评论》注释体例

1. 标题为黑体加粗，三号；正文为宋体，小四号，行间距为固定值 20 磅；作者信息的标注方式为：一作者＊，二作者＊＊。

2. 文中注释一律采用页下脚注，每页独立注码，引注符号使用带圆圈的阿拉伯数字，样式为等；如本文受到基金资助，以脚注形式标注于文章标题后。

3. 引注符号的位置。对全句的引用，引注符号置于句号、问号等标点之后。对句子部分内容的引用，引注符号置于该部分之后；对句中字词的直接引用，引注符号应当紧接引号，置于其他标点之前。

4. 引领词使用，非直接引用原文时，注释前使用“参见”引领；直接引用原文时，不加“参见”及任何引领词；引用非原始资料时，即并未找到原初文献并予以核实，只是转引他人的，请注明“转引自”；文章来源于期刊、报纸、网络以及来源于独立作品组成的文集，文献来源前标注“载”。

5. 请规范数字用法，包括正文在内非直接引用法条的序号用阿拉伯数字。

6. 鉴于网络信息易失效、来源真实性不易查证等特点，建议慎重引用网络资料。

7. 注释及参考文献范例

（1）专著

中文示例 1：《马克思恩格斯选集》（第 4 卷），人民出版社 1972 年版，第 24 页。

中文示例 2：龙卫球：《网络信息法：基础与前沿问题》，中国法制出版社 2022 年版，第 3-4 页。

英文示例：Lon L. Fuller, *The Morality of Law*, (New York: Yale University Press, 1969), p. 143.

（2）编著作品

中文示例 1：佟柔主编：《中国民法》，法律出版社 1990 年版，第 67 页。

中文示例 2：王利明主编：《民法》（第 8 版上册），中国人民大学出版社 2020 年版，第 20 页。

英文示例：Robert J. Beck, Anthony Clark Arend and Robert D. Vander Lugt (eds.), *International Rules: Approaches from International Law and International Relations* (New York: Oxford University Press, 1996).

（3）期刊

中文示例：王利明：《数据的民法保护》，载《数字法治》2023 年第 1 期。

英文示例：Charles A. Reich，" The New Property，"*Yale Law Journal* 733，No. 73(1964)：737-738.

（4）章、节或者文集中的文章

中文示例：龚祥瑞：《比较宪法学的研究方法》，载《比较宪法研究论文集》第1集，南京大学出版社1993年版，第3页。

英文示例：Glenn Gould，"Streisand as Schwarzkopf，" in *The Glenn Gould Reader*，ed. Tim Page（New York：Vintage，1984），p. 310.

（5）译作

中文示例1：［古希腊］亚里士多德：《政治学》，吴寿彭译，商务印书馆1983年版，第54页。

中文示例2：［英］科林·斯科特：《规制、治理与法律：前沿问题研究》，安永康译，宋华琳校，清华大学出版社2018年版，第79-80页。

英文示例：Richmond Lattimore trans/eds.，*The Iliad of Homer*（Chicago：University of Chicago Press，1951）.

（6）报纸和大众杂志中的文章

中文示例：龙飞：《大数据时代纠纷解决模式之变革》，载《人民法院报》2016年11月2日，第8版。

英文示例：Daniel Mendelsohn，" But Enough about Me，" New Yorker，January 25，2010，p. 68.

（7）数字出版物、网页文章等

中文示例1：郑成思：《"入世"、知识产权保护与民商法的现代化》，载中国法学网，http：//www. iolaw. org. cn/showNews. asp?id=243，访问日期：2017年4月29日。

中文示例2：任容庆：《借名买房执行异议诉讼中的价值衡量与规范选择》，载微信公众号"判解研究编辑部"，2021年2月27日上传。

英文示例：Stephen McDonell，"When China Began Streaming Trials Online，" *BBC NEWS*，September. 30，2016，accessed February 2，2020，https：//www. bbc. com. /news/blogs-china-blog-37515399.

（8）学位论文

中文示例：徐周鹏：《论无权代理人对相对人赔偿责任的范围》，博士学位论文，吉林大学法学院，2023，第13页。

英文示例：Mihwa Choi，"Contesting Imaginaires in Death Rituals during the Northern Song Dynasty"（PhD diss.，University of Chicago，2008）.

(9) 会议论文

中文示例：姜明安：《新时代中国行政法学的转型与使命》，中国法学会行政法学研究会2018年年会论文，西安，第16页。

英文示例：Rachel Adelman, "' Such Stuff as Dreams Are Made On' : God's Footstool in the Aramaic Targumim and Midrashic Tradition" (paper presented at the annual meeting for the Society of Biblical Literature, New Orleans, Louisiana, November 21-24, 2009).

(10) 德语类

①专著

Bernd Rüthers/Christian Fischer/Axel Birk: Rechtstheorie mit Juristischer Methodenlehre, 10. Aufl., München 2018, S. 56.

②文集文章

Ville Erkkilä: Rechtsgewissen: Conscience in History and in Legal Science, in: The Conceptual Change of Conscience: Franz Wieacker and German Legal Historiography 1933-1968, Tübingen 2009, S. 177 - 280.

③杂志文章

Alexander Somek: Zwei Welten der Rechtslehre und die Philosophie des Rechts, JuristenZeitung 2016, S. 481.

(11) 英文以外的外文文种：西文体例比照英文，日文体例比照中文。